DR. OETKER

RÖMERTOPF ®

Die Rezepte in diesem Buch
sind – wenn nicht anders an-
gegeben – für 4 Personen be-
rechnet

**Für die freundliche
Unterstützung
danken wir:**   Eduard Bay GmbH & Co. KG
Ransbach

© **Copyright:**   1988 by Ceres-Verlag
Rudolf-August Oetker KG, Bielefeld

Redaktion: Petra Gahmann

Titelfoto: Brigitte Wegner, Bielefeld

Innenfotos: Christiane Pries, Bielefeld

Satz: Hanke & Pettke, Bielefeld

Reproduktion: Werner Busse, Dortmund

Druck: Neue Stalling, Oldenburg

3. Auflage
ISBN 3-7670-0322-8

DR. OETKER

RÖMERTOPF ®

 CERES

Garen im Römertopf – eine
kulinarische Köstlichkeit, die sie
sich öfter gönnen sollten.
Seit Generationen ist der Römertopf
ein beliebtes „Kochgerät", in dem sie
alle Speisen, ob herzhaft oder süß,
zubereiten und servieren können.
In diesem Buch haben wir – quer Beet –
schmackhafte Gerichte zusammen-
gestellt – und dabei die Mikrowelle
nicht vergessen.

Garen im Römertopf

Schon die alten Römer schmorten ihre Gerichte im eigenen Saft — schonend in Ton. Der Römertopf hat eine lange Tradition — und das zu Recht. In ihm können Speisen mit einem Minimum an Flüssigkeit oder ganz ohne gegart werden.
Saft, Aroma, Geschmack, Nährstoffe und Vitamine der Speisen bleiben erhalten. Sie werden nicht mit überschüssigem Kochwasser abgegossen.

Der Römertopf ermöglicht das Garen fast aller Gerichte ohne Fett — ist also vorzüglich für die Zubereitung von Schonkost geeignet.

Der poröse Ton ermöglicht einen völlig naturgemäßen Backvorgang. Das Wasser in den Tonporen schafft zudem bei der langsamen Erwärmung eine milde Dunstschicht. Sowohl in der Röhre, also um die Form, als auch im Inneren des Römertopfes. Ihr Braten bekommt so eine Kruste, ohne auszutrocknen.
Eintöpfe und Aufläufe lassen den Geschmack aller Ingredienzien vollkommen verschmelzen. Suppen köcheln langsam vor sich hin ohne zu verkrusten.
Den Original Bay-Römertopf zum Beispiel erkennen Sie an den Bratstegen auf dem Boden.
Er verhindert den direkten Kontakt zwischen Bratgut und Flüssigkeit, so daß er gleichmäßig von allen Seiten bräunen kann. Der breite Boden gibt ihm festen Stand und macht damit Verbrühungen unmöglich.
Die beiden Hälften des Topfes sitzen mit einem breiten Rand aufeinander und halten so gut zusammen.
Der Deckel kann nicht mehr kippen.
Die Öffnung zwischen Ober- und Unterteil des Original Bay-Römertopfes zeigt einen Spalt von 2 — 4 mm.
Dies ist kein Fehler, er reguliert den Druck im Topf, läßt überschüssigen Dampf abziehen.

Wohl durchdacht sind in diesem Römertopf Griffe eingearbeitet, der Topf kann also bequem gehalten und geöffnet werden.
Unterschiedliche Größen ermöglichen den zielgerechten Einsatz des Topfes — Gänsebräter für großes Geflügel, lange flache Formen z. B. für Fischgerichte.

Handhabung und Pflege

Vor der ersten Benutzung wird der Römertopf gründlich gebürstet, damit sich der Tonstaub löst. Später dann, muß er vor **jeder Benutzung kurz unter Wasser gehalten werden.** Damit Sie immer daran denken, haben wir in jedem Rezept noch einmal darauf hingewiesen.
Nach Gebrauch reinigen Sie ihn mit heißem Wasser und einer Bürste.
Einige Tropfen Spülmittel schaden nicht — Fettreste lösen sich leichter. **Nicht benutzen** dürfen Sie allerdings **Scheuermittel,** sie verstopfen die Poren.
Wird Ihr Topf nicht benutzt, legen Sie die beiden Hälften ineinander und stellen ihn an einen luftigen Platz.

Dies sollten Sie beachten:

● Den Römertopf immer im Backofen verwenden, niemals auf die heiße Kochplatte oder offene Gasflamme stellen.

● In den kalten Backofen setzen.

● Stellen Sie den heißen Römertopf auf einen Untersetzer oder einem Handtuch ab — auf einer kalten Unterlage kühlt er zu schnell ab und könnte zerspringen.

Tips für die Einstellung der Herde:

● Der Römertopf kommt stets in den kalten Backofen!
● Beim Elektroherd kann sofort die erforderliche Temperatur auf dem Thermostat eingestellt werden — er heizt langsam und schonend vor.

Hinweis: Je nach Aufheizdauer des jeweiligen Elektroherdes können leichte Schwankungen der Garzeit auftreten!

● Gasherde hingegen müssen langsam aufgeheizt werden. Viele haben einen Temperaturreglerknopf mit den Ziffern 1 — 8. Heizen Sie zunächst 5 Minuten auf der Stellung 1, dann weitere 5 Minuten auf Stellung 2 und stellen Sie dann die Stufe ein, die für das Gericht erforderlich ist.

Nicht nur im Backofen — auch in der Mikrowelle können Sie im Römertopf garen. Der neue **Mikrowellen-Römertopf** verbindet die bekannten Vorteile des Garens im Römertopf mit der Zeit- und Energieersparnis des Mikrowellengerätes.

Und so wird er benutzt:
● Vor dem ersten Gebrauch mit heißem Wasser und Spülbürste reinigen.
● Vor jedem Gebrauch den Deckel kurz unter fließendes Wasser halten.
● Lebensmittel nach Rezeptanleitung in den Mikrowellen-RÖMERTOPF geben.
● Deckel auflegen — RÖMERTOPF ins Gerät stellen, nach Rezeptanweisung starten.
● Nach der abgelaufenen Garzeit die Speisen 3 — 5 Minuten vor dem Servieren stehen lassen, damit ein guter Wärmeausgleich erfolgt.
● Sollte das Gericht ausnahmsweise einmal noch nicht gar sein, kurz im Mikrowellengerät nachgaren.

Im Kombi-Gerät erzielen Sie noch bessere Garergebnisse.
Dabei wird, wie im Backofen, der Mikrowellen-RÖMERTOPF in das kalte Gerät gestellt.

Soll die Bräunung besonders gut sein, entfernt man 5 — 10 Minuten vor Ende der Garzeit den Deckel des Mikrowellen-RÖMERTOPFES.
Füllen Sie niemals kalte Flüssigkeit während des Garvorganges in den heißen Topf — nur angewärmte.

9

Suppen
und
Eintöpfe

Porree-Kartoffelsuppe

500 g Porree (vorbereitet, gewogen)	gründlich waschen, in fingerdicke Scheiben schneiden, nochmals waschen
2—3 Zwiebeln	abziehen
500 g Kartoffeln	schälen, waschen
	beide Zutaten würfeln, abwechselnd mit dem Porree,
4 Rauchenden	in den gewässerten Römertopf schichten, jede Schicht mit
Salz	bestreuen
1 l Fleischbrühe aus Brühwürfeln	hinzugießen, den Römertopf mit dem Deckel verschließen, in den kalten Backofen stellen
Strom:	200—225; **Gas:** 4—5
Garzeit:	Etwa 70 Minuten.

Tomatensuppe mit Gemüse

1 kg Tomaten	kurze Zeit in kochendes Wasser legen, in kaltem Wasser abschrecken, enthäuten, in kleine Würfel schneiden
1 Paprikaschote	halbieren, entstielen, entkernen, die weißen Scheidewände entfernen, die Schote waschen, in feine Streifen schneiden
1 Zwiebel	abziehen, würfeln
1 Stück Porree	waschen, in feine Streifen schneiden
50 g durchwachsenen Speck	in Würfel schneiden
40 g Brühreis	waschen, abtropfen lassen
1 l Fleischbrühe aus Brühwürfeln	mit
2 Eßl. Tomatenmark Salz, Pfeffer Paprika edelsüß Zucker	verrühren
	das Gemüse mit dem Speck in den gewässerten Römertopf geben, Reis und Fleischbrühe dazugeben, den Römertopf mit dem Deckel verschließen, in den kalten Backofen stellen, die Suppe nach 25 Minuten gut durchrühren
	die gare Suppe mit Salz, Pfeffer, Paprika abschmecken, mit
gehackter Petersilie geriebenen Käse	bestreuen, nach Belieben dazu reichen
Strom:	200—225; **Gas:** 4—5
Garzeit:	Etwa 55 Minuten.

Frühlingseintopf

(Foto S. 10/11)

200 g Kohlrabi	schälen, in kleine Würfel schneiden
200 g Möhren	schälen, in kleine Würfel schneiden
200 g grüne Bohnen	abfädeln, in kleine Stücke schneiden
200 g Porree (Lauch)	putzen, halbieren waschen, in feine Ringe schneiden
500 g Kartoffeln	schälen, würfeln
	die fünf Zutaten in den gewässerten Römertopf geben
300 g mageres Rindfleisch	
300 g mageres Schweinefleisch	beide Zutaten in Würfel schneiden
2 Eßl. Oel	in einer Pfanne erhitzen, die Fleischwürfel darin anbraten, mit
Salz	
Zwiebelpulver	würzen, locker unter das Gemüse heben
1 Lorbeerblatt	hinzugeben,
750 ml ($^3/_4$ l) Fleischbrühe	aufgießen
	den geschlossenen Römertopf in den kalten Backofen stellen
	nach 45 Minuten Garzeit
200 g Blumenkohlröschen	hinzufügen
	weitere 45 bis 50 Minuten garen
	mit fein gehackter Petersilie servieren.
Strom:	Etwa 220; **Gas:** 4−5
Garzeit:	Etwa 90 Minuten.

Hühnersuppe

1 küchenfertige Poularde	waschen, in 4 Portionsstücke schneiden, mit
1 l heißem Wasser	
Salz	in den gewässerten Römertopf geben
	den Römertopf mit dem Deckel verschließen, in den kalten Backofen stellen
	nach etwa 45 Minuten Garzeit
1 Packung (450 g) aufgetautes Tief-kühl-Suppengemüse	
75 g Suppennudeln	dazugeben, die Suppe mit Salz abschmecken, zugedeckt garen lassen
Strom:	200−225; **Gas:** 4−5
Garzeit:	Etwa 1 $^1/_2$ Stunden.

13

Paprika-Sahnesuppe
(Foto S. 15)

375 g Paprikaschoten	halbieren, entstielen, entkernen, die weißen Scheidewände entfernen, die Schoten waschen, in Streifen schneiden
250 g Zwiebeln	abziehen, halbieren, in Scheiben schneiden
300 g Sauerkraut	locker zupfen, evtl. klein schneiden
	die Zutaten miteinander vermengen, in den gewässerten Römertopf geben, mit
1 l Fleischbrühe aus Brühwürfel	übergießen, mit
Salz	würzen, den Römertopf mit dem Deckel verschließen, in den kalten Backofen stellen
1 gestrichenen Eßl. Speisestärke	mit
1 Eßl. kaltem Wasser	anrühren, die Paprikasuppe etwa 15 Minuten vor Beendigung der Garzeit damit binden
1—2 Eßl. Weißwein 125 ml (¹/₈ l) Sahne	hinzufügen, die Suppe mit Salz, Pfeffer
Zucker	abschmecken, garen lassen
Strom:	200—225
Gas:	4—5
Garzeit:	Etwa 1 ¹/₄ Stunden.

Weißkohleintopf

750 g Weißkohl (vorbereitet, gewogen)	waschen, in Streifen schneiden, in
kochendes Wasser	geben, kurz aufkochen, abtropfen lassen
750 g Kartoffeln	schälen, waschen, in kleine Würfel schneiden
3 Zwiebeln	abziehen, würfeln
	die Zutaten mit
4 Rauchenden	abwechselnd in den gewässerten Römertopf schichten, jede Schicht mit
Salz	bestreuen
500 ml (¹/₂ l) Fleischbrühe aus Brühwürfel	hinzugießen, den Römertopf mit dem Deckel verschließen, in den kalten Backofen stellen
Strom:	200—225
Gas:	4—5
Garzeit:	80—85 Minuten.

Westfälisches Blindhuhn

1 Packung (300 g) Tiefkühl-Brechbohnen	bei Zimmertemperatur auftauen lassen
375 g Möhren	schrappen (oder fein schälen)
600 g Kartoffeln	schälen
	beide Zutaten waschen, in Würfel schneiden
250 g mageren durchwachsenen Speck	in etwa $1/2$ cm dicke Scheiben schneiden
2 Äpfel	
1 Birne	
	beide Zutaten schälen, vierteln, entkernen, in Scheiben schneiden
	alle Zutaten abwechselnd in den gewässerten Römertopf schichten, jede Schicht mit
Salz	bestreuen
750 ml ($3/4$ l) Wasser	hinzugießen, den Römertopf mit dem Deckel verschließen, in den kalten Backofen stellen
Strom:	200−225
Gas:	4−5
Garzeit:	Etwa 1 $3/4$ Stunden.

Sauerkrauteintopf mit Weißen Bohnen

500 g Kartoffeln	schälen, waschen
2 Zwiebeln	abziehen
	beide Zutaten würfeln, mit
500 g Sauerkraut	
4 Rauchenden	abwechselnd in den gewässerten Römertopf schichten jede Schicht mit
Salz	bestreuen
1 l Fleischbrühe aus Brühwürfeln	hinzugießen, den Römertopf mit dem Deckel verschließen, in den kalten Backofen stellen nach 1 Stunde Garzeit
200 g Weiße Bohnen mit Suppengrün (aus der Dose)	dazugeben
Strom:	200−225
Gas:	4−5
Garzeit:	Etwa 1 $3/4$ Stunden.

Möhren-Zwiebel-Eintopf

500 g Zwiebeln	abziehen
500 g Möhren	schrappen, (oder fein schälen), waschen
500 g Kartoffeln	schälen, waschen
	die 3 Zutaten in Scheiben schneiden
375 g Gehacktes (halb Rind-, halb Schweinefleisch)	mit
Salz, Pfeffer	würzen, mit dem Gemüse abwechselnd in den gewässerten Römertopf schichten, die Gemüseschichten mit Salz bestreuen
500 ml (1/2 l) Fleischbrühe aus Brühwürfeln	hinzugießen, den Römertopf mit dem Deckel verschließen, in den kalten Backofen stellen den garen Eintopf mit
gehackter Petersilie	bestreuen
Strom:	200−225
Gas:	4−5
Garzeit:	Etwa 1 1/2 Stunden.

Dicke Bohnen-Eintopf

600−750 g frische, ausgepalte Dicke Bohnen (3−4 kg mit Schalen) oder 2 Packungen (je 300 g) Tiefkühl-Dicke Bohnen	bei Zimmertemeperatur auftauen lassen
750 g Kartoffeln	schälen, waschen, in kleine Würfel schneiden
250 g Schweinebauch	waschen, abtrocknen, in Scheiben schneiden Bohnen, Kartoffeln, Schweinebauch,
Bohnenkraut	abwechselnd in den gewässerten Römertopf schichten jede Schicht mit
Salz	bestreuen
750 ml (3/4 l) Fleischbrühe aus Brühwürfeln	darüber gießen, den Römertopf mit dem Deckel verschließen, in den kalten Backofen stellen
Strom:	200−225
Gas:	4−5
Garzeit:	Etwa 1 1/4 Stunde bei tiefgefrorenen Bohnen, etwa 1 3/4 Stunden bei frischen Bohnen.

Grüne Bohnen-Eintopf, pikant
(Foto S. 19)

2 Packungen (je 300 g) Tiefkühl-Brechbohnen	bei Zimmertemperatur auftauen lassen
500 g Tomaten	kurze Zeit in kochendes Wasser legen, in kaltem Wasser abschrecken, enthäuten, in Würfel schneiden
1 kleine Paprikaschote	halbieren, entstielen, entkernen, die weißen Scheidewände entfernen, die Schote waschen, in Streifen schneiden
250 g geschälte Kartoffeln	waschen, in Scheiben schneiden
375 g Schweinefleisch	waschen, in kleine Würfel schneiden
125 g Zwiebeln	abziehen, würfeln
1 Knoblauchzehe	abziehen, hacken
50 g durchwachsenen Speck	in Würfel schneiden alle Zutaten miteinander vermengen, mit
Salz, Pfeffer	würzen, mit
Bohnenkraut	in den gewässerten Römertopf geben, mit
500 ml (1/2 l) heißer Fleischbrühe aus Brühwürfeln	übergießen, den Römertopf mit dem Deckel verschließen, in den kalten Backofen stellen
Strom:	200–225; **Gas:** 4–5
Garzeit:	Etwa 1 3/4 Stunden.

Rote Linsen mit Kasseler

500 g Rote Linsen	waschen, 12 Stunden in
750 ml (3/4 l) kaltem Wasser	einweichen, mit
250 ml (1/4 l) Fleischbrühe aus Brühwürfeln	
4 Eßl. Tomatenmark	in den gewässerten Römertopf geben, verrühren
750 g Kasseler ohne Knochen	auf die Linsen legen, den Römertopf mit dem Deckel verschließen, in den kalten Backofen stellen die Linsen während des Garens einmal durchrühren die garen Linsen nach Belieben mit
Tabascosauce	abschmecken oder
kleingeschnittene Peperoni	unterrühren
Strom:	200–225; **Gas:** 4–5
Garzeit:	Etwa 60 Minuten.

Gemüsegerichte

Grünkohl mit Kasseler und frischer Mettwurst

(Foto S. 20/21)

1 kg Grünkohl (vorbereitet, gewogen)	waschen, in
kochendes Wasser	geben, kurz aufkochen, abtropfen lassen, den Grünkohl hacken
2 Zwiebeln	abziehen, würfeln, mit dem Kohl abwechselnd in den gewässerten Römertopf schichten, jede Schicht mit
Salz	bestreuen
zunächst 250 ml ($^1/_4$ l) von 375 ml ($^3/_8$ l) Wasser	hinzugießen, den Römertopf mit dem Deckel verschließen, in den kalten Backofen stellen nach 1 Stunde Garzeit
2 frische Mettwürste 4 Kasseler Koteletts	auf den Kohl legen, mit etwas Kohl bedecken, nach Bedarf noch etwas Wasser hinzufügen, garen lassen den garen Kohl mit Salz abschmecken
Strom:	200−225
Gas:	4−5
Garzeit:	2−2 $^1/_4$ Stunden.

Grünkohl mit Bauchspeck und Rauchenden

1 kg Grünkohl (vorbereitet, gewogen)	waschen, in
kochendes Wasser	geben, kurz aufkochen, abtropfen lassen, den Grünkohl hacken
2 Zwiebeln	abziehen, würfeln, mit dem Kohl abwechselnd in den gewässerten Römertopf schichten, jede Schicht mit
Salz	bestreuen
zunächst 250 ml ($^1/_4$ l) von 375 ml ($^3/_8$ l) Wasser	hinzugießen, den Römertopf mit dem Deckel verschließen, in den kalten Backofen stellen nach 1 Stunde Garzeit
250 g Bauchspeck 4 Rauchenden	auf den Kohl legen, mit etwas Kohl bedecken, nach Bedarf noch etwas Wasser hinzufügen, garen lassen den garen Kohl mit Salz abschmecken
Strom:	200−225
Gas:	4−5
Garzeit:	2−2 $^1/_4$ Stunden.

Linsen mit Backpflaumen

375 g Linsen	12 Stunden in
1 ¹/₄ l kaltem Wasser	einweichen
250 g Backpflaumen	12 Stunden in
500 ml (¹/₂ l)	
kaltem Wasser	einweichen
	die Linsen mit dem Einweichwasser,
3 Eßl. gewürfeltem	
Suppengrün	in den gewässerten Römertopf geben, mit dem Deckel
	verschließen, in den kalten Backofen stellen, nach etwa
	45 Minuten Garzeit die Backpflaumen mit dem Einweich-
	wasser zu den Linsen geben, mit
Salz, Pfeffer	
Weinessig	würzen, den Tontopf wieder mit dem Deckel verschließen,
	in den Backofen stellen
	nach weiteren 45 Minuten Garzeit
4 Rauchenden	hinzugeben, das Gericht noch etwa 15 Minuten garen lassen
Strom:	200−225; **Gas:** 4−5
Garzeit:	Etwa 1 ³/₄ Stunden.

Gefüllte spanische Zwiebeln

4 dicke Gemüsezwiebeln	waschen, unabgezogen in
kochendes Salzwasser	geben, zum Kochen bringen, etwa 30 Minuten kochen lassen
	die Zwiebeln aus dem Wasser nehmen, etwas abkühlen lassen
	die braune Haut abziehen, so viel Zwiebelfleisch aus der Mitte
	der Zwiebel nehmen, daß 1 Ei in jede Öffnung paßt
	die herausgenommenen Zwiebelstücke in Streifen schneiden,
	in den gewässerten Römertopf geben, mit
Salz	
Pfeffer	bestreuen
	die ausgehöhlten Zwiebeln innen ebenfalls mit Salz, Pfeffer
	bestreuen, in jede Öffnung einen Teel. von
75 g geriebenem Gouda	geben, die Zwiebeln in den Römertopf setzen
	von
4 Eiern	je eines in jede Öffnung gleiten lassen, die Öffnungen mit
	geriebenem Käse verschließen, den restlichen Käse über die
	Zwiebelstreifen verteilen
Strom:	200−225; **Gas:** 4−5
Garzeit:	1−1 ¹/₄ Stunden.

23

Bratwurstspieße auf Pußta-Gemüse

(Foto S. 25)

250 g Zwiebeln	abziehen, halbieren, in Scheiben schneiden
250 g Paprikaschoten	halbieren, entstielen, entkernen, die weißen Scheidewände entfernen, die Schoten waschen, in Streifen schneiden
250 g Tomaten	kurze Zeit in kochendes Wasser legen, in kaltem Wasser abschrecken, enthäuten, in Scheiben schneiden
	das Gemüse mit
Salz, Pfeffer	
Paprika edelsüß	würzen
2 Eßl. Speiseöl	unterrühren, in den gewässerten Römertopf geben
4 vorgebrühte Bratwürste	
4 Scheiben durchwachsener Speck (etwa 1/2 cm dick)	
	beide Zutaten in etwa 3 cm lange Stücke schneiden
2—3 Gewürzgurken	in etwa 1/2 cm dicke Scheiben schneiden
entkernte Tomatenviertel	
	die 4 Zutaten abwechselnd auf Spieße (5—6), stecken, auf das Gemüse legen
1 Eßl. Speiseöl	mit Paprika edelsüß verrühren, die Bratwurstspieße damit bestreichen, den gewässerten Römertopf mit dem Deckel verschließen, in den kalten Backofen stellen
Strom:	200—225; **Gas:** 4—5
Garzeit:	Etwa 1 1/4 Stunden.

Zwiebel-Porree-Sauerkrautgemüse

500 g Zwiebeln	abziehen
2 große Stangen Porree	putzen, waschen
	beide Zutaten in Scheiben schneiden, mit
500 g Sauerkraut	
4 Eßl. Speiseöl	vermengen, in den gewässerten Römertopf geben
125 ml (1/8 l) Fleischbrühe aus Brühwürfeln	hinzugießen, den Römertopf mit dem Deckel verschließen, in den kalten Backofen stellen
4 Eßl. Sahne oder Dosenmilch	unter das gare Gemüse rühren, nach Belieben
1 Peperoni (aus dem Glas)	sehr klein schneiden, zu dem Gemüse geben
Strom:	200—225; **Gas:** 4—5
Garzeit:	1 1/2—1 3/4 Stunden.

24

Weißkohlgemüse mit Speck

750 g Weißkohl (vorbereitet, gewogen)	waschen, in etwa 1 cm breite Streifen schneiden, in
kochendes Salzwasser	geben, kurz aufkochen, abtropfen lassen den gewässerten Römertopf mit 2/3 von
150—200 g in Scheiben geschnittenem, magerem, geräuchertem Speck	auslegen
2—3 Zwiebeln	abziehen, in Scheiben schneiden Kohl und Zwiebeln abwechselnd in den Römertopf schichten, jede Schicht mit
Salz	bestreuen
gut 125 ml (1/8 l) Wasser	hinzugießen, den Kohl mit den restlichen Speckscheiben belegen, mit dem Deckel verschließen, in den Backofen stellen den garen Kohl mit Salz abschmecken, evtl. noch etwas Wasser hinzugießen
Strom:	200—225
Gas:	4—5
Garzeit:	1 3/4 Stunden.

Römische Bohnen

375 g Rindfleisch	waschen, abtrocknen
250 g Zwiebeln	abziehen
250 g Tomaten	kurze Zeit in kochendes Wasser legen, in kaltem Wasser abschrecken, enthäuten die 3 Zutaten in kleine Würfel schneiden, mit
2 Packungen (je 300 g) Tiefkühl-Brechbohnen	vermengen, mit
Salz Pfeffer Paprika edelsüß	
25 g Butter oder Margarine	würzen, in den gewässerten Römertopf geben in Flöckchen darauf setzen, den Römertopf mit dem Deckel verschließen, in den kalten Backofen stellen das gare Gericht nach Belieben mit Salz, Pfeffer, Paprika,
Zucker	abschmecken
Strom:	200—225; Gas: 4—5
Garzeit:	1 1/2—1 3/4 Stunden.

Letscho mit Fleisch

750 g Rind- und Schweinefleisch	waschen, abtrocknen
125 g durchwachsener Speck	
	beide Zutaten in Würfel schneiden
250 g Zwiebeln	abziehen, in Scheiben schneiden
	den Speck auslassen, das Fleisch darin anbraten, mit den Zwiebeln in den gewässerten Römertopf geben
250 ml (1/4 l) Fleischbrühe aus Brühwürfeln	hinzugießen, den Römertopf mit dem Deckel verschließen, in den kalten Backofen stellen, das Fleisch etwa 45 Minuten garen lassen
750 g Paprikaschoten (rote und grüne)	halbieren, entstielen, entkernen, die weißen Scheidewände entfernen, die Schoten waschen, in etwa 1/2 cm breite Streifen schneiden
500 g Tomaten	kurze Zeit in kochendes Wasser legen, in kaltem Wasser abschrecken, enthäuten, vierteln
25 g Brühreis	waschen, mit den Paprikaschoten, den Tomaten zu dem Fleisch geben, durchrühren, noch etwa 30 Minuten garen lassen
Strom:	200−225; **Gas:** 4−5
Garzeit:	1 1/4−1 1/2 Stunden.

Faßbohnen mit Roten Bohnen

125 g Rote Bohnen	12 Stunden in kaltem Wasser einweichen, abtropfen lassen
500 g Kartoffeln	schälen, waschen, in Würfel schneiden
500 g Faßbohnen	auf ein Sieb geben, mit kaltem Wasser übergießen, abtropfen lassen
	die 3 Zutaten in den gewässerten Römertopf schichten
500 g dünne Schweinerippe	waschen, abtrocknen, auf das Gemüse legen
1 l Fleischbrühe aus Brühwürfeln	hinzugießen, den Römertopf mit dem Deckel verschließen, in den kalten Backofen stellen
	das gare Fleisch von den Knochen lösen, in kleine Würfel schneiden, wieder zu dem Eintopf geben
Strom:	200−225; **Gas:** 4−5
Garzeit:	2−2 1/4 Stunden.

Broccoli in Sahnesauce

(Foto S. 29)

750 g Broccoli	putzen, waschen, in
kochendes Salzwasser	geben, zum Kochen bringen, 20 Minuten kochen, abtropfen lassen
3 Eier	mit
250 ml (¹/₄ l) Sahne	
Salz	
Pfeffer	verschlagen
3 hartgekochte Eier	pellen, mit
125 g gekochtem Schinken	in Würfel schneiden, unter die Sauce rühren das Broccoli-Gemüse in den gewässerten Römertopf geben, die Sauce darüber verteilen, den Römertopf mit dem Deckel verschließen, in den Backofen stellen
Strom:	200−225
Gas:	4−5
Garzeit:	50−55 Minuten.

Paprika-Topf

1 kg Paprikaschoten	halbieren, entstielen, entkernen, die weißen Scheidewände entfernen, die Schoten waschen, in etwa ¹/₂ cm breite Streifen schneiden
3 Zwiebeln	abziehen, würfeln
¹/₈ l Wasser	mit
2 Eßl. Tomatenmark	verrühren, mit
Salz	
Pfeffer	
Zucker	würzen
250−350 g Fleischwurst	enthäuten, längs halbieren, in Scheiben schneiden Paprika, Zwiebeln, Fleischwurst abwechselnd in den gewässerten Römertopf schichten, die Tomatensauce darüber verteilen, den Römertopf mit dem Deckel verschließen, in den kalten Backofen stellen
Strom:	200−225
Gas:	4−5
Garzeit:	45−60 Minuten.

Gefüllte Gurke

1 große oder 2 kleine Salatgurken	waschen, quer halbieren, beide Hälften der Länge nach durchschneiden, die 4 Gurkenstücke so aushöhlen, daß an den Enden ein Rand von etwa $1/2$ cm stehenbleibt, die Gurkenstücke innen mit
Salz	einreiben
	für die Füllung
1 eingeweichtes Brötchen	ausdrücken
1 Zwiebel	abziehen, würfeln, mit dem Brötchen,
250 g Gehacktes (halb Rind-, halb Schweinefleisch)	
1 Eßl. Tomatenketchup	
1 Ei	vermengen, mit Salz,
Pfeffer	
Paprika edelsüß	abschmecken, die Gurkenstücke mit der Fleischmasse füllen, nebeneinander (wenn nötig, auch übereinander) in den gewässerten Römertopf legen, den Römertopf mit dem Deckel verschließen, in den Backofen stellen
Strom:	200–225; **Gas:** 4–5
Garzeit:	45–60 Minuten.

Delikater Chinakohl

1 kg Chinakohl	putzen, waschen, in 3 cm breite Streifen schneiden
2 Zwiebeln	abziehen, würfeln
125 g durchwachsenen Speck	in Würfel schneiden, auslassen, die Zwiebeln darin hellgelb dünsten lassen, mit dem Kohl in den gewässerten Römertopf geben, den Kohl mit
Salz	bestreuen
125 ml ($1/8$ l) Fleischbrühe aus Brühwürfeln	hinzugießen
125 g gekochten Schinken	in etwa 2 cm breite Streifen schneiden, auf dem Kohl verteilen, den Römertopf mit dem Deckel verschließen, in den kalten Backofen stellen
2 Teel. Speisestärke	mit
3 Eßl. saurer Sahne	anrühren, das gare Gemüse damit binden
Strom:	200–225; **Gas:** 4–5
Garzeit:	45–60 Minuten.

Rotkohl

1 kg Rotkohl	
(vorbereitet, gewogen)	waschen, in Streifen schneiden, in
2 l kochendes Wasser	geben
3 Eßl. Essig	hinzugießen, den Rotkohl kurz aufkochen, abtropfen lassen
3 saure Äpfel	schälen, vierteln, entkernen, in Scheiben schneiden,
2 Zwiebeln	abziehen, würfeln
	die 3 Zutaten abwechselnd in den gewässerten Römertopf
	schichten, jede Schicht mit
Salz, Zucker	bestreuen
1 Lorbeerblatt	
einige Pfefferkörner	
4 Nelken	hinzufügen
zunächst 125 ml ($^1/_8$ l) von	
250 ml ($^1/_4$ l) Wasser	hinzugießen, den Römertopf mit dem Deckel verschließen,
	in den kalten Backofen stellen
	während des Garens den Kohl ab und zu durchrühren, evtl.
	etwas Wasser hinzugeben
	den garen Kohl mit Salz, Zucker,
Essig	abschmecken
Strom:	200−225; **Gas:** 4−5
Garzeit:	2−2 $^1/_4$ Stunden.

Seemannsschmaus

500 g Rindfleisch	waschen, abtrocknen, in 1 cm dicke Scheiben schneiden
30 g Margarine	zerlassen, die Fleischscheiben darin anbraten, mit
Salz, Pfeffer	bestreuen
750 g Zwiebeln	abziehen
750 g Kartoffeln	schälen, waschen
	beide Zutaten in Scheiben schneiden
	das Bratfett in den gewässerten Römertopf geben,
	abwechselnd Kartoffel- und Zwiebelscheiben einschichten,
	die obere Schicht soll aus Kartoffelscheiben bestehen, mit
Salz, Pfeffer	würzen
500 ml ($^1/_2$ l) Fleischbrühe	
aus Brühwürfeln	mit
1 Tasse hellem Bier	vermengen, über das Gericht gießen, den Römertopf mit
	dem Deckel verschließen, in den kalten Backofen stellen
Strom:	200−225; **Gas:** 4−5
Garzeit:	2−2 $^1/_4$ Stunden.

Süß-saurer Linsentopf mit Kasseler
(Foto S. 33)

250 g Linsen	
1 Zwiebel	abziehen, fein würfeln
1 Apfel	schälen, in feine Scheiben schneiden
	die drei Zutaten in den gewässerten Römertopf geben und vermischen
1 Eßl. Essig, 1 Eßl. Zucker	
Majoran, Thymian	die vier Zutaten hinzugeben, mit
500 ml (1/2 l) Fleischbrühe	aufgießen
400 g Kasseler	hineinlegen
	zugedeckt in den kalten Backofen schieben
	nach 45 Minuten Garzeit
4 Kartoffeln, geschält, halbiert	hinzufügen, umrühren und weitere 45 Minuten garen, mit
frischer Petersilie	garnieren.
Strom:	Etwa 220; **Gas:** 4−5
Garzeit:	90 Minuten.

Fenchel in Tomatensauce

4 Fenchelknollen (1 kg)	waschen, braune Stellen entfernen, die Knollen entstielen, halbieren, schuppenförmig in den gewässerten Römertopf legen
1 Zwiebel	abziehen, würfeln
500 g Tomaten	waschen, in Scheiben schneiden
30 g Butter	zerlassen, die Zwiebelwürfel darin hellgelb dünsten lassen, die Tomatenscheiben dazugeben, mitdünsten lassen
125 ml (1/8 l) Wasser Thymian, Basilikum	
1 Lorbeerblatt	hinzufügen, gar dünsten lassen, die Tomaten durch ein Sieb streichen, zum Kochen bringen
1−2 Teel. Speisestärke	
2 Eßl. kaltem Wasser	anrühren, die Tomatenflüssigkeit damit binden, die Sauce mit
Salz, Pfeffer	abschmecken, über die Fenchelknollen geben, mit
30 g geriebenem Käse	bestreuen, den Römertopf mit dem Deckel verschließen, in den kalten Backofen stellen
Strom:	200−225; **Gas:** 4−5
Garzeit:	Etwa 1 3/4 Stunden.

Chicorée im Schinkenmantel

500 g Chicorée	putzen, den Strunk keilförmig (etwa 2 cm tief) heraus-schneiden, die Chicorée waschen, in
kochendes Salzwasser	legen, zum Kochen bringen, etwa 15 Minuten kochen lassen, aus dem Kochwasser nehmen, abtropfen lassen von der Chicoréeflüssigkeit etwa 375 ml ($3/8$ l) abmessen
30 g Butter oder Margarine	zerlassen
30 g Weizenmehl	unter Rühren so lange darin erhitzen, bis es hellgelb ist, die Chicoréeflüssigkeit hinzugießen, mit einem Schneebesen durchschlagen, zum Kochen bringen
50 g geriebenen Gouda	hinzufügen, die Sauce etwa 10 Minuten kochen lassen
4 Eßl. Sahne oder Dosenmilch	unterrühren, mit
Salz geriebener Muskatnuß	abschmecken die Chicorée in 4 Portionen teilen, in
4 Scheiben gekochten Schinken	einrollen, in den gewässerten Römertopf legen, die Sauce darüber gießen, den Römertopf mit dem Deckel verschließen, in den kalten Backofen stellen
Strom:	200–225
Gas:	4–5
Garzeit:	40–45 Minuten.

Gemüsetopf mit Fleischbällchen

1 Salatgurke (etwa 500 g)	schälen, in kleine Würfel schneiden
400 g Auberginen	waschen, entstielen, in etwa ½ cm dicke Scheiben schneiden, vierteln
500 g Tomaten	kurze Zeit in kochendes Wasser legen, in kaltem Wasser abschrecken, enthäuten in Würfel schneiden
3 Zwiebeln	abziehen, halbieren, in Scheiben schneiden alle Zutaten vermengen, mit
Salz Pfeffer	würzen
250 g Gehacktes (halb Rind-, halb Schweinefleisch)	mit

1 eingeweichten, ausge- drückten Brötchen	
1 Ei	vermengen, mit Salz, Pfeffer,
Paprika edelsüß	abschmecken
	aus der Masse walnußgroße Fleischbällchen formen
	Gemüse und Fleischbällchen abwechselnd in den gewäs- serten Römertopf schichten
25 g Butter oder Margarine	in Flöckchen darauf setzen
125 ml (1/8 l) Wasser	mit Salz, Pfeffer, Paprika,
2 Eßl. Tomatenmark	verrühren, über das Gemüse gießen, den Römertopf mit dem Deckel verschließen, in den kalten Backofen stellen
Strom:	200−225
Gas:	4−5
Garzeit:	1−1 1/4 Stunden.

Ratatouille aus dem Römertopf

50 g Pinienkerne	in einer Pfanne, ohne Fett, hellbraun rösten
500 g kleine Auberginen	waschen, entstielen, Früchte in etwa 2 cm dicke Scheiben schneiden
500 g kleine Zucchini	waschen, Enden abtrennen, längs halbieren in Streifen schneiden
500 g Eiertomaten	waschen, das Gemüse halbieren, mit
Salz	
Pfeffer	bestreuen
1 Knoblauchzehe	
1 Zwiebel	abziehen, sehr fein würfeln
100 g schwarze Oliven	
	die Zutaten in den gewässerten Römertopf schichten, den Deckel auflegen, auf dem Rost in die untere Schiene des kalten Backofens schieben
Strom:	Etwa 200
Gas:	Etwa 3
Garzeit:	35−45 Minuten

1 Eßl. Butter	
50 g gemahlene Mandeln	hinzufügen, rösten, über die Ratatouille geben.

Fleischgerichte

Cassoulet
(Foto S. 36/37)

250 g weiße Bohnen	über Nacht einweichen
100 g Specktranchen	in den gewässerten Tontopf legen
500 g Lamm- oder	
Schweinefleisch	in Würfel schneiden
4 Pouletschenkel	beide Zutaten mit Salz und Pfeffer einreiben
2 Möhren, 4 Tomaten	in Scheiben schneiden
2 Zwiebeln	abziehen, würfeln
2 Knoblauchzwiebeln	pressen
	die acht Zutaten vermischen und in den Römertopf geben
2 Zweige Majoran,	
Thymian, Rosmarin	
2 Petersilienstengel	
1 Stange Lauch	
1 Lorbeerblatt	zu einem Strauß zusammenbinden, auf Gemüse und Fleisch legen
100 ml Weißwein	
250 ml (1/4 l) Bouillon	hinzufügen
	den verschlossenen Römertopf in den kalten Backofen schieben
	nach Beendigung der Garzeit das Kräutersträußchen entfernen
2 Eßl. Paniermehl	über den Topfinhalt streuen und
20 g Butter	in kleine Stückchen teilen, darauf verteilen
	unbedeckt überbacken
Strom:	Etwa 200; **Gas:** 4–5
Garzeit:	Etwa 140 Minuten.

Schinken

	Von
1 1/2 kg gepökeltem	
Schinken	die Schwarte lösen, die obere Seite leicht mit
Zucker	bestreuen, den Schinken in den gewässerten Römertopf legen, den Römertopf mit dem Deckel verschließen, in den kalten Backofen stellen
Strom:	200–225
Gas:	4–5
Garzeit:	2 1/2–2 3/4 Stunden
	der Braten schmeckt gut als warmer oder kalter Aufschnitt zu Salaten und Brot.

Szegediner Gulasch

200 g Zwiebeln	abziehen, in Scheiben schneiden
40 g Schweineschmalz	zerlassen, die Zwiebeln darin glasig dünsten lassen
1 Eßl. Paprika edelsüß	
1 Eßl. Tomatenmark	hinzufügen, mitdünsten lassen
250 g Schweinefleisch	
250 g Rindfleisch	waschen, abtrocknen, in Würfel schneiden, mit
Salz	
Pfeffer	bestreuen, zu den Zwiebeln geben, anbraten, das Fleisch mit
500 g Sauerkraut	abwechselnd in den gewässerten Römertopf schichten
250 ml (¹/₄ l) Fleischbrühe	
aus Brühwürfeln	hinzugießen, den Römertopf mit dem Deckel verschließen, in den kalten Backofen stellen
1 Teel. Speisestärke	mit
1 Eßl. kaltem Wasser	anrühren, mit
125 ml (¹/₈ l) saurer Sahne	15 Minuten vor Beendigung der Garzeit unter das Szegediner Gulasch rühren
Strom:	200−225; **Gas:** 4−5
Garzeit:	1 ³/₄−2 Stunden.

Serbisches Reisfleisch

375−500 g Schweinefleisch	waschen, abtrocknen, in Würfel schneiden
3−4 Zwiebeln	abziehen, würfeln
60 g fetten Speck	in Würfel schneiden, auslassen, das Fleisch darin anbraten, mit
Salz, Pfeffer	
Cayennepfeffer	würzen, die Zwiebelwürfel dazugeben, kurz mitdünsten lassen
500 g Tomaten	kurze Zeit in kochendes Wasser legen, in kaltem Wasser abschrecken, enthäuten, vierteln
200 g Brühreis	waschen, mit den Tomaten,
750 ml (³/₄ l) heißem Wasser	zu dem Fleisch geben, vermengen, in den gewässerten Römertopf umfüllen, mit dem Deckel verschließen, in den kalten Backofen stellen, nach Belieben
4 Eßl. saure Sahne	unter das gare Reisfleisch rühren, mit Salz, Pfeffer,
Paprika edelsüß	abschmecken
Strom:	200−225; **Gas:** 4−5
Garzeit:	50−60 Minuten.

Schlesischer Schwärtelbraten
(Foto S. 41)

Suppengrün	putzen, waschen, klein schneiden, die Hälfte in den gewäs- serten Römertopf geben
4 Eßl. Wasser	hinzufügen
1 ¹/₂ kg Schweinekeule	
mit Schwarte	waschen, abtrocknen, die Schwarte so einschichten, daß Quadrate entstehen, das Fleisch mit
Salz	
Pfeffer	einreiben, auf das Suppengrün geben, das restliche Suppen- grün um das Fleisch verteilen, mit
1 Teel. Kümmel	bestreuen, den Römertopf mit dem Deckel verschließen, in den kalten Backofen stellen
	15 Minuten vor Beendigung der Garzeit den Deckel abnehmen, damit das Fleisch noch mehr bräunt
	den garen Braten in Scheiben schneiden, auf einer vor- gewärmten Platte anrichten, warm stellen
	den Bratensatz mit dem Suppengrün durch ein Sieb streichen,
Wasser	so viel hinzugießen, daß die Sauce gebunden ist, mit Salz abschmecken
Strom:	200−225
Gas:	4−5
Garzeit:	1 ³/₄−2 Stunden.

Karbonaden

750 g Rindlfeisch	waschen, abtrocknen, in 4 Scheiben schneiden, mit
Salz	
Pfeffer	bestreuen, mit
Senf	bestreichen
200 g Zwiebeln	abziehen, würfeln
50 g Butter	zerlassen, die Zwiebelwürfel darin hellgelb dünsten lassen
	die Fleischscheiben von beiden Seiten darin anbraten
1 Flasche Bier (0,33 l)	
1 Lorbeerblatt	hinzufügen, alles in den gewässerten Römertopf umfüllen, mit dem Deckel verschließen, in den kalten Backofen stellen
	die Sauce mit
Zucker	abschmecken
Strom:	200−225
Gas:	4−5
Garzeit:	1 ³/₄−2 Stunden.

Kohlrouladen

1 kg Weißkohl oder Wirsing	Von die welken äußeren Blätter entfernen, den Kohlkopf so lange in
kochendes Salzwasser	legen, bis sich die oberen 12 Blätter gut lösen, die dicken Rippen flach schneiden
2 Zwiebeln	abziehen, würfeln, mit
500 g Gehacktem (halb Rind-, halb Schweinefleisch)	
1 Ei	
1 eingeweichten, ausgedrückten Brötchen	vermengen, mit
Salz	
Pfeffer	abschmecken, die Füllung in 6 Portionen teilen, je 2 Kohlblätter aufeinanderlegen, einen Teil der Füllung darauf geben, die Blätter aufrollen, mit einem Faden umwickeln oder mit Rouladennadeln auf die gleiche Weise zubereiten den restlichen Kohl kleinschneiden
2 Zwiebeln	abziehen, würfeln, mit dem Kohl in den gewässerten Römertopf geben, mit Salz,
Kümmel	
Kerbel	bestreuen
5 Eßl. Speiseöl	erhitzen, die Rouladen von allen Seiten darin anbraten, mit dem Bratfett auf den Kohl geben, den Römertopf mit dem Deckel verschließen, in den kalten Backofen stellen
Strom:	200−225
Gas:	4−5
Garzeit:	1 3/4−2 Stunden.

Kalbshaxe

1 Kalbshaxe (1 1/2−2 kg)	waschen, abtrocknen, mit
Salz, Pfeffer	einreiben, mit
Rosmarin	bestreuen, mit
weicher Butter	bestreichen
4 Tomaten	waschen
2 Zwiebeln	abziehen
	beide Zutaten achteln, mit
gehackter Petersilie	in den gewässerten Römertopf geben, die Kalbshaxe darauf legen, den Römertopf mit dem Deckel verschließen, in den kalten Backofen stellen
	1/2 Stunde vor Beendigung der Garzeit den Deckel abnehmen, damit das Fleisch noch mehr bräunt
	das gare Fleisch von dem Knochen lösen, in Scheiben schneiden, auf einer vorgewärmten Platte anrichten, warm stellen
	den Bratensatz mit dem Gemüse durch ein Sieb streichen, zum Kochen bringen, nach Belieben
3 Teel. Speisestärke	mit
2 Eßl. kaltem Wasser	anrühren, den Bratensatz damit binden, die Sauce mit Salz, Pfeffer abschmecken
Strom:	200−225; **Gas:** 4−5
Garzeit:	2−2 1/4 Stunden.

Dicke Rippe

1 1/4 kg Schweinerippe	waschen, abtrocknen, mit
Salz, Pfeffer	einreiben, in den gewässerten Römertopf legen, den Römertopf mit dem Deckel verschließen, in den kalten Backofen stellen
	das gare Fleisch von den Knochen lösen, in Scheiben schneiden, auf einer vorgewärmten Platte anrichten, warm stellen
	den Bratensatz entfetten, mit Wasser auf 250 ml (1/4 l) auffüllen, zum Kochen bringen
1 Teel. Speisestärke	mit
1 Eßl. kaltem Wasser	anrühren, den Bratensatz damit binden, die Sauce mit Salz, Pfeffer abschmecken
Strom:	200−225; **Gas:** 4−5
Garzeit:	1 3/4−2 Stunden.

Ungarisches Gulasch
(Foto S. 45)

250 g Rindfleisch	
250 g Schweinefleisch	waschen, abtrocknen, in Würfel schneiden
500 g Zwiebeln	abziehen, in Scheiben schneiden
2 grüne Paprikaschoten	halbieren, entstielen, entkernen, die weißen Scheidewände entfernen, die Schoten waschen, in Streifen schneiden
50 g Margarine oder Schweineschmalz	zerlassen, das Fleisch darin anbraten, mit
Salz	
Pfeffer	würzen, Zwiebeln, Paprikaschoten,
1 Eßl. Tomatenmark	
1 Eßl. Paprika edelsüß	hinzufügen, die Zutaten vermengen
500 ml (1/2 l) Wasser	hinzugießen, alles in den gewässerten Römertopf umfüllen, mit dem Deckel verschließen, in den kalten Backofen stellen
2 Teel. Speisestärke	mit
1 Eßl. kaltem Wasser	anrühren, etwa 15 Minuten vor Beendigung der Garzeit mit
1—2 Eßl. saurer Sahne	unter das Gulasch rühren
Kümmel	
abgeriebene gelbe Zitronenschale (unbehandelt)	hinzufügen
	das gare Gulasch mit Salz, Pfeffer,
Paprika edelsüß	abschmecken
Strom:	200—225
Gas:	4—5
Garzeit:	2—2 1/4 Stunden.

Rinderbraten

1 kg Rindfleisch	waschen, abtrocknen, mit
Salz	
Pfeffer	
Paprika edelsüß	einreiben, mit
3 großen Speck-	
scheiben	umhüllen, in den gewässerten Römertopf geben
2 Zwiebeln	abziehen, vierteln, dazugeben, den Römertopf mit dem Deckel verschließen, in den kalten Backofen stellen den garen Braten in Scheiben schneiden, auf einer vorgewärmten Platte anrichten, warm stellen den Bratensatz durch ein Sieb gießen, entfetten, mit
Wasser	auf $1/4$ l auffüllen
1−2 Teel. Speisestärke	mit
1 Eßl. kaltem Wasser	anrühren, den Bratensatz damit binden
2−3 Eßl. Sahne	
oder Dosenmilch	unterrühren, nach Belieben mit Salz, Pfeffer, Paprika abschmecken
Strom:	200−225; **Gas:** 4−5
Garzeit:	2 $1/2$−2 $3/4$ Stunden.

Kalbsnierenbraten, Pariser Art

1 kg Kalbsnierenbraten	waschen, abtrocknen, mit
Salz, Pfeffer	einreiben
1 Teel. Senf	mit
Thymian, Currypulver	verrühren, den Braten damit bestreichen, in den gewässerten Römertopf geben, mit dem Deckel verschließen, in den kalten Backofen stellen
125 g Champignons	
(aus der Dose)	abtropfen lassen, die Flüssigkeit auffangen das gare Fleisch in Scheiben schneiden, auf einer vorgewärmten Platte anrichten, warm stellen den Bratensatz mit der Champignonflüssigkeit auf $1/4$ l auffüllen, zum Kochen bringen
2 Teel. Speisestärke	mit
1 Eßl. kaltem Wasser	anrühren, den Bratensatz damit binden, die Champignons hinzugeben, erhitzen, die Sauce mit Salz, Pfeffer abschmecken
Strom:	200−225; **Gas:** 4−5
Garzeit:	1 $1/2$−1 $3/4$ Stunden.

Schweinebraten mit Käse überbacken

1 1/4 kg Schweinebraten	waschen, abtrocknen, mit
Salz, Pfeffer	
Paprika edelsüß	einreiben, in den gewässerten Römertopf legen, den Römertopf mit dem Deckel verschließen, in den kalten Backofen stellen
1 Ei	mit
75 g geriebenem	
Holländischen Gouda	verrühren, nach 2 1/4 Stunden Garzeit den Braten damit bestreichen, ohne Deckel garen lassen
	den Schweinebraten in Scheiben schneiden, auf einer vorgewärmten Platte anrichten, warm stellen
	den Bratensatz mit Wasser auf 1/4 l auffüllen, zum Kochen bringen
1 Teel. Speisestärke	mit
1 Eßl. kaltem Wasser	anrühren, den Bratensatz damit binden, mit Salz, Pfeffer, Paprika abschmecken
Strom:	200−225; **Gas:** 4−5
Strom:	2 1/2−2 3/4 Stunden.

Leberpastete

500 g Rinder- oder	
Schweineleber	waschen, abtrocknen, mit
40 g fettem Speck	
1 abgezogenen Zwiebel	durch den Fleischwolf drehen
	die Masse mit
1 Ei	
2 eingeweichten, ausgedrückten Brötchen	
2 Eßl. saurer Sahne	vermengen, mit
Salz, Pfeffer	abschmecken
einige dünne Scheiben	
fetten Speck	in den gewässerten Römertopf legen, die Lebermasse darauf geben, glattstreichen, mit Speckscheiben belegen
	den Römertopf mit dem Deckel verschließen, in den kalten Backofen stellen
	die Leberpastete im Römertopf erkalten lassen
Strom:	200−225; **Gas:** 4−5
Garzeit:	1−1 1/4 Stunden.

Rollbraten mit Champignons

(Foto S. 49)

1 ¹/₄—1 ¹/₂ kg Schweine- rollbraten	waschen, abtrocknen, mit
Salz	
Pfeffer	
Paprika edelsüß	einreiben
300 g Champignons (aus der Dose)	abtropfen lassen, die Flüssigkeit auffangen, 6 Eßl. davon abmessen einen Teil der Champignons in den gewässerten Römertopf geben, den Rollbraten darauf legen, die restlichen Pilze um das Fleisch verteilen das Fleisch mit
Butterflöckchen	belegen, die abgemessene Champignonflüssigkeit hinzufügen wenn der Rollbraten sehr mager ist, ihn evtl. mit
einigen fetten Speckscheiben	belegen, den Römertopf mit dem Deckel verschließen, in den kalten Backofen stellen etwa 30 Minuten vor Beendigung der Garzeit den Deckel abnehmen, damit der Rollbraten noch mehr bräunt den garen Braten in Scheiben schneiden, mit den abgetropften Champignons auf einer vorgewärmten Platte anrichten, warm stellen die Champignons mit
gehackter Petersilie	bestreuen den Bratensatz durch ein Sieb gießen, zum Kochen bringen
1 Teel. Speisestärke	mit
1—2 Eßl. kaltem Wasser	anrühren, den Bratensatz damit binden, nach Belieben
2 Eßl. saure Sahne	unterrühren die Sauce mit Salz und Pfeffer abschmecken
Strom:	200—225
Gas:	4—5
Garzeit:	2—2 ¹/₂ Stunden.

Pikante Koteletts

4 Schweinekoteletts	waschen, abtrocknen, mit
Salz, Pfeffer	
Paprika edelsüß	einreiben
die Hälfte von	
50 g Margarine	zerlassen, die Koteletts von beiden Seiten darin anbraten, herausnehmen, die restliche Margarine in die Pfanne geben
4 große Zwiebeln	abziehen, würfeln, in dem Bratfett etwa 5 Minuten dünsten lassen, in eine Schüssel geben, mit
2 Eßl. Semmelmehl	
1 Ei	vermengen, mit Salz, Pfeffer, Paprika abschmecken
500 g Kartoffeln	schälen, waschen
3 Äpfel	schälen, entkernen
	beide Zutaten in dünne Scheiben schneiden, abwechselnd in den gewässerten Römertopf schichten, jede Schicht mit
Salz	bestreuen, mit
30 g zerlassener Butter	
oder Margarine	beträufeln, die Koteletts darauf legen, mit der Zwiebelmasse bestreichen, den Römertopf mit dem Deckel verschließen, in den kalten Backofen stellen
Strom:	200—225
Gas:	4—5
Garzeit:	1—1 1/4 Stunden.

Gefüllte Kalbsbrust

1 1/2—1 3/4 kg Kalbsbrust mit eingeschnittener Tasche	waschen, abtrocknen
150 g Champignons (aus der Dose)	abtropfen lassen, die Flüssigkeit auffangen, die Champignons halbieren, mit
500 g Thüringer Mett	vermengen, mit
Salz, Pfeffer	abschmecken, die Füllung in die Kalbsbrust geben, zunähen, mit Salz, Pfeffer
Paprika edelsüß	einreiben, zusammenrollen, mit einem Faden umwickeln die Kalbsbrust in den gewässerten Römertopf geben, mit dem Deckel verschließen, in den kalten Backofen stellen von dem garen Fleisch die Fäden entfernen, das Fleisch in Scheiben schneiden, auf einer vorgewärmten Platte anrichten, warm stellen

	den Bratensatz durch ein Sieb gießen (evtl. das Fett abschöpfen), die Champignonflüssigkeit dazugeben, zum Kochen bringen
3 Teel. Speisestärke	mit
2 Eßl. kaltem Wasser	anrühren, den Bratensatz damit binden, nach Belieben unterrühren
	die Sauce mit Salz, Pfeffer, Paprika abschmecken
Strom:	200−225
Gas:	4−5
Garzeit:	2 $\frac{1}{2}$−2 $\frac{3}{4}$ Stunden.

Schweinebraten in Zwiebel-Milch-Sauce

1 kg Schweinekotelett-stück (ohne Knochen)	waschen, abtrocknen, mit
Salz	
Pfeffer	
Paprika edelsüß	einreiben
30 g Butter oder Margarine	zerlassen, das Fleisch von allen Seiten darin anbraten
3 große Zwiebeln	abziehen, würfeln
250 g Champignons	putzen, waschen, in Scheiben schneiden
	das Fleisch mit Zwiebeln und Champignons in den gewäs-serten Römertopf geben
500 ml ($\frac{1}{2}$ l) Milch	mit
1 Eßl. Senf	verrühren, mit Salz, Pfeffer, Paprika würzen,
	über das Fleisch gießen
	den Römertopf mit dem Deckel verschließen, in den Backofen stellen
	das gare Fleisch in Scheiben schneiden, auf einer vorge-wärmten Platte anrichten, warm stellen
2−3 Teel. Speisestärke	mit
2 Eßl. kaltem Wasser	anrühren, die Flüssigkeit damit binden
	die Sauce evtl. mit Salz, Pfeffer, Paprika abschmecken
Strom:	200−225
Gas:	4−5
Garzeit:	1 $\frac{3}{4}$−2 Stunden.

Rindfleisch in Rotwein
(Foto S. 53)

1 kg Rindfleisch	waschen, abtrocknen, in 5–6 cm große Stücke schneiden
6 kleine Zwiebeln	abziehen
40 g Butter oder Margarine	zerlassen, das Fleisch darin anbraten, die Zwiebeln,
1 abgezogene Knoblauchzehe	
1 Lorbeerblatt	
Salz, Pfeffer, Thymian	hinzufügen, mitdünsten lassen
20 g Weizenmehl	
500 ml (1/2 l) Rotwein	hinzufügen, durchrühren, alles in den gewässerten Römertopf füllen, mit dem Deckel verschließen, in den kalten Backofen stellen
	das gare Rindfleisch mit
Kresse	garnieren
Strom:	200–225; **Gas:** 4–5
Garzeit:	2–2 1/4 Stunden.

Hackbraten

1 Zwiebel	abziehen, würfeln, mit
750 g Gehacktem	
2 Eiern	
2 Eßl. Tomatenmark	
250 g Speisequark	vermengen, mit
Salz, Pfeffer	
Paprika edelsüß	abschmecken, den Fleischteig zu einem länglichen Kloß formen
	den gewässerten Römertopf mit der Hälfte von
70 g fetten Speckscheiben	auslegen, den Hackfleischkloß darauf geben, mit den restlichen Speckscheiben belegen, den Römertopf mit dem Deckel verschließen, in den kalten Backofen stellen
	den garen Hackbraten in Scheiben schneiden, auf einer vorgewärmten Platte anrichten, warm stellen
	den Bratensatz durch ein Sieb gießen, entfetten, zum Kochen bringen
1 Teel. Speisestärke	mit
1 Eßl. kaltem Wasser	anrühren, den Bratensatz damit binden, die Sauce mit Salz, Pfeffer, Paprika abschmecken
Strom:	200–225; **Gas:** 4–5
Garzeit:	70–80 Minuten.

Pikanter Schweinenacken

1 kg Schweinenacken	
(ohne Knochen)	waschen, abtrocknen, mit
Salz, Pfeffer	einreiben, mit
1 Eßl. Senf	bestreichen
2 Zwiebeln	abziehen, halbieren, mit
2 Nelken	spicken
2 Tomaten	kurze Zeit in kochendes Wasser legen, in kaltem Wasser abschrecken, enthäuten, vierteln
	das Fleisch mit Zwiebeln und Tomaten in den gewässerten Römertopf geben, mit dem Deckel verschließen, in den kalten Backofen stellen
	das gare Fleisch in Scheiben schneiden, auf einer vorgewärmten Platte anrichten, warm stellen
	den Bratensatz durch ein Sieb gießen, mit
Wasser	auf 250 ml (¼ l) auffüllen, zum Kochen bringen
1 Teel. Speisestärke	mit
1 Eßl. kaltem Wasser	anrühren, den Bratensatz damit binden, die Sauce mit Salz, Pfeffer abschmecken
Strom:	200−225; **Gas:** 4−5
Garzeit:	2−2 ¼ Stunden.

Pastasciutta

Suppengrün (Möhre,	
Porree, Sellerie)	putzen, waschen, grob raspeln, Porree in dünne Streifen schneiden
1 Zwiebel	abziehen, würfeln
375 g Schweinefleisch	waschen, abtrocknen, in kleine dünne Scheiben schneiden
30 g Butter oder Margarine	zerlassen, das Fleisch darin anbraten, Suppengrün, Zwiebel,
Salz, Pfeffer	
Paprika edelsüß, Thymian	hinzufügen, mitdünsten lassen
250 g geschälte	
Tomaten (aus der Dose)	mit der Flüssigkeit,
250 ml (¼ l)	
Wasser	dazugeben, alles in den gewässerten Römertopf umfüllen, mit dem Deckel verschließen, in den kalten Backofen stellen
Strom:	200−225; **Gas:** 4−5
Garzeit:	1 ½ −1 ³/4 Stunden.

Eisbein mit Sauerkraut

2 Zwiebeln	abziehen, würfeln
2 Äpfel	schälen, vierteln, entkernen, in Scheiben schneiden
	die beiden Zutaten mit
750 g Sauerkraut	
1 zerkleinerten	
Lorbeerblatt	
einigen Pfefferkörnern	abwechselnd in den gewässerten Römertopf schichten
	jede Schicht mit
Salz	bestreuen
250 ml (¼ l) Wasser	hinzugießen
750 g Eisbein	waschen, abtrocknen, mit Salz,
Pfeffer	einreiben
	in die Mitte des Sauerkrauts eine Vertiefung drücken, das
	Eisbein hineinlegen, den Römertopf mit dem Deckel
	verschließen, in den kalten Backofen stellen
	nach 1 ½ Stunden Garzeit den Deckel abnehmen, evtl. noch
Wasser	hinzugießen, das Eisbein garen lassen
Strom:	200−225; **Gas:** 4−5
Garzeit:	2−2 ½ Stunden.
	zu Eisbein mit Sauerkraut schmeckt Kartoffelbrei.

Kasseler Rippenspeer

1 kg Kasseler Rippenspeer	waschen, abtrocknen, das Fleisch 4 x etwa 5 cm tief auf der Oberseite einschneiden
2 Scheiben Ananas	halbieren, mit der Rundung nach oben in die Einschnitte stecken, das Fleisch mit einem Faden umwickeln, damit es nicht auseinanderfällt, in den gewässerten Römertopf geben, mit dem Deckel verschließen, in den kalten Backofen stellen
	das gare Fleisch in Scheiben schneiden, auf einer vorgewärmten Platte anrichten, warm stellen
15 g Margarine	zerlassen
1 schwach gehäuften	
Eßl. Weizenmehl	unter Rühren darin bräunen lassen, den Fleischsaft hinzugießen, mit einem Schneebesen durchschlagen, die Sauce zum Kochen bringen, etwa 10 Minuten kochen lassen
Strom:	200−225; **Gas:** 4−5
Garzeit:	1−1 ¼ Stunden.

Wild- und Geflügelgerichte

Gefüllter Babyputer

(Foto S. 56/57)

1 küchenfertiger Babyputer (etwa 2–2,5 kg)	außen und innen abspülen, trockentupfen für die Füllung
500 g säuerliche Äpfel (z.B. Boskop)	schälen, in Würfel schneiden
200 g Puter- oder Hühnerleber	unter fließendem kaltem Wasser abspülen, trockentupfen, würfeln
400 g Eßkastanien (oder 1 Dose)	im Ofen backen, schälen und blanchieren
100 g Walnüsse, gehackt 100 g Rosinen, ungeschwefelt 100 g Paniermehl	
	die sechs Zutaten mit
2 Eiern 2 Schnapsgläschen Calvados Pimentpulver Korinader, gemahlen Salz	vermengen, mit
Pfeffer	würzen, den Puter damit füllen, die Öffnung verschließen Flügel und Keulen an den Rumpf binden
250 g Äpfel	schälen, würfeln
250 g Zwiebeln	abziehen, würfeln beide Zutaten in den gewässerten Römertopf füllen, den Puter darauflegen, mit in den kalten Backofen schieben, 60 Minuten garen
500 ml (1/2 l) Apfelsaft	auffüllen, weitere 90 Minuten garen.
Strom:	Etwa 180
Gas:	Etwa 2–3
Garzeit:	Etwa 150 Minuten.

58

Gefüllte Putenkeulen

750 g entbeinte Putenoberschenkel	waschen, abtrocknen, innen mit
Salz	einreiben
375 g frische Bratwurstmasse	mit
1 Eßl. gehackter Petersilie	verrühren, in die Putenoberschenkel geben, zunähen, die Putenkeulen außen mit Salz,
Pfeffer	einreiben, in den gewässerten Römertopf legen, mit dem Deckel verschließen, in den kalten Backofen stellen das gare Fleisch in Portionsstücke schneiden, auf einer vorgewärmten Platte anrichten, warm stellen den Bratensatz mit
Wasser	auf 250 ml ($1/4$ l) auffüllen, zum Kochen bringen
2 Teel. Speisestärke	mit
1 Eßl. kaltem Wasser	anrühren, den Bratensatz damit binden, die Sauce mit Salz abschmecken
Strom:	200–225
Gas:	4–5
Garzeit:	1 $1/2$–1 $3/4$ Stunden.

Poularde

1 küchenfertige Poularde (etwa 1 $1/4$ kg)	waschen, abtrocknen
1 Eßl. Speiseöl	
1 Teel. Senf	
Paprika edelsüß	
Salz, Pfeffer	verrühren, die Poularde damit bestreichen, in den gewässerten Römertopf legen, den Römertopf mit dem Deckel verschließen, in den kalten Backofen stellen die gare Poularde in Portionen teilen, auf einer vorgewärmten Platte anrichten, warm stellen den Bratensatz mit
Wasser	auf 250 ml ($1/4$ l) auffüllen, zum Kochen bringen
2 Teel. Speisestärke	mit
1 Eßl. kaltem Wasser	anrühren, den Bratensatz damit binden, die Sauce mit Salz, Pfeffer, Paprika abschmecken
Strom:	200–225; **Gas:** 4–5
Garzeit:	1 $1/4$–1 $1/2$ Stunden.

Brathähnchen
(Foto S. 61)

1 Brathähnchen	unter fließendem kaltem Wasser abspülen,
trockentupfen, mit	
1 Eßl. Butter	bestreichen
1 Zwiebel	abziehen, würfeln
2 Möhren	schrappen (fein schälen), in Scheiben schneiden
2 Tomaten	kurze Zeit in kochendes Wasser legen (nicht kochen lassen), in kaltem Wasser abschrecken, enthäuten, die Stengelansätze herausschneiden, vierteln die drei Zutaten mit
1/2 zerkleinerten Lorbeerblatt	und dem Brathähnchen in den gewässerten Tontopf geben, in den kalten Backofen schieben
in der Zwischenzeit 1 Tasse Reis	mit
1/2 Zwiebel, gewürfelt	in
etwas Butter	andünsten, mit
1 1/2 Tassen (180 ml) Würfelbrühe	ablöschen, kurz aufkochen lassen. Den Reis zu den halbgaren Hähnchen geben, weitere 30 Minuten weitergaren.

Schnelles Hähnchen

1 küchenfertiges Hähnchen (etwa 1 kg)	waschen, abtrocknen, in 4 Portionsstücke schneiden, mit
Salz	einreiben
2 große Zwiebeln	abziehen, würfeln, mit den Fleischstücken in den gewässerten Römertopf geben
200 g Brühreis	waschen, über das Fleisch geben
1 l heiße Fleischbrühe aus Brühwürfeln	mit
1 Eßl. Tomatenmark	
1 Teel. Paprika edelsüß	verrühren, über den Reis gießen den Römertopf mit dem Deckel verschließen, in den kalten Backofen stellen
Strom:	200–225
Gas:	4–5
Garzeit:	50–60 Minuten.

Ente, pikant

	Von
1 küchenfertigen Ente (etwa 2 kg)	die Flügel abschneiden, die Ente entbeinen (die Haut nicht verletzen), innen mit
Salz	einreiben
250 g Birnen (aus der Dose)	
250 g Aprikosen (aus der Dose)	abtropfen lassen, die Früchte auf das Fleisch geben, das Fleisch zusammenrollen, zunähen, von außen mit Salz einreiben, mit
Thymian, Paprika edelsüß	bestreuen, die Ente in den gewässerten Römertopf legen, mit dem Deckel verschließen, in den kalten Backofen stellen die gare Ente in Portionsstücke schneiden, auf einer vorgewärmten Platte anrichten, warm stellen von dem Bratensatz das Fett abschöpfen, den Bratensatz mit
Wasser	auf 250 ml (¹/₄ l) auffüllen, zum Kochen bringen
2 Teel. Speisestärke	mit
1 Eßl. kaltem Wasser	anrühren, den Bratensatz damit binden, die Sauce mit Salz,
Pfeffer	abschmecken
Strom:	200−225; **Gas:** 4−5
Garzeit:	80−90 Minuten.

Putenrollbraten mit Pilzen

Etwa 1 kg Putenrollbraten	waschen, abtrocknen, mit
Salz, Pfeffer	
Thymian	einreiben, in den gewässerten Römertopf geben
500 g Champignons (aus der Dose)	abtropfen lassen, die Flüssigkeit auffangen, die Champignons zu dem Fleisch geben, den Römertopf mit dem Deckel verschließen, in den kalten Backofen stellen 30 Minuten vor Beendigung der Garzeit die Pilzflüssigkeit hinzugießen, den Römertopf wieder mit dem Deckel verschließen, den Putenrollbraten garen lassen das Fleisch in Scheiben schneiden, mit den Pilzen auf einer vorgewärmten Platte anrichten, warm stellen
2 Teel. Speisestärke	mit
1 Eßl. kaltem Wasser	anrühren, die Bratenflüssigkeit damit binden
Strom:	200−225; **Gas:** 4−5
Garzeit:	1 ¹/₂−1 ³/₄ Stunden.

Gefüllte Ente

1 küchenfertige Ente (etwa 1 1/2 kg)	waschen, abtrocknen, innen mit
Salz	einreiben
2–3 saure Äpfel	schälen, vierteln, entkernen
50 g Rosinen	waschen, abtropfen lassen
	die Ente mit Äpfeln, Rosinen füllen, die Füllung evtl. mit
Zucker	bestreuen, die Ente zunähen, außen mit Salz,
Pfeffer	einreiben, in den gewässerten Römertopf legen, mit dem Deckel verschließen, in den kalten Backofen stellen
	die gare Ente in Portionsstücke schneiden, mit der Füllung auf einer vorgewärmten Platte anrichten oder wieder in den Römertopf geben, warm stellen
	von dem Bratensatz das Fett abschöpfen, den Bratensatz mit
Wasser	auf 250 ml (1/4 l) auffüllen, zum Kochen bringen
2 Teel. Speisestärke	mit
1 Eßl. kaltem Wasser	anrühren, den Bratensatz damit binden, die Sauce mit Salz abschmecken
Strom:	200–225; **Gas:** 4–5
Garzeit:	1 1/2–2 Stunden.

Hasenrücken mit Sauerkirschen

Etwa 500 g Sauerkirschen (aus dem Glas)	abtropfen lassen, den Kirschsaft auffangen 125 ml (1/8 l) davon abmessen, die Sauerkirschen in den gewässerten Römertopf geben (einige zum Garnieren zurücklassen) den Sauerkirschsaft mit
125 ml (1/8 l) Rotwein	
Salz	verrühren, über die Sauerkirschen gießen
1 Hasenrücken (600–700 g)	waschen, abtrocknen, enthäuten, mit Salz einreiben, mit
Pfeffer	bestreuen, auf die Sauerkirschen legen, den Römertopf mit dem Deckel verschließen, in den kalten Backofen stellen den garen Hasenrücken mit Sauerkirschen,
Petersilie	garnieren
2 Teel. Speisestärke	mit
1 Eßl. kaltem Wasser	anrühren, die Sauerkirschen damit binden, um den Hasenrücken geben
Strom:	200–225; **Gas:** 4–5
Garzeit:	1–1 1/4 Stunden.

63

Kaninchen à la Tante Martine

(Foto S. 65)

1 junges Kaninchen (zerteilt)	mit
Salz, Pfeffer	würzen, in
1 Eßl. heißen Fett	anbraten
50 g Speckwürfel	
2 Zwiebeln	abziehen, würfeln die beiden Zutaten zum Kaninchen geben mit
2 Gläschen Cognac	übergießen und flambieren, anschließend in den gewässerten Römertopf geben, den Bratfond mit
100 ml Rotwein	
100 ml Bouillon	aufgießen
4 Knoblauchzehen	abziehen, pressen
1 Bund Petersilie	unter fließendem kaltem Wasser abspülen
50 g Bambußkerne, gehackt	
1 Lorbeerblatt	
1 Nelke	die fünf Zutaten in die Sauce geben, alles in den Römertopf gießen, in den kalten Backofen schieben
Strom:	Etwa 200
Gas:	3–4
Garzeit:	75–90 Minuten.

Pikantes Hirschrückenfleisch

4 Ananasscheiben (aus der Dose)	abtropfen lassen, den gewässerten Römertopf damit auslegen
750 g Hirschrückenfleisch (ohne Knochen, gespickt)	waschen, abtrocknen, mit
Salz	bestreuen, auf die Ananasscheiben legen, den Römertopf mit dem Deckel verschließen, in den kalten Backofen stellen das gare Fleisch in Scheiben schneiden, mit den Ananasscheiben auf einer vorgewärmten Platte anrichten, warm stellen
2 Teel. Speisestärke	mit
1 Eßl. kaltem Wasser	anrühren, den Bratensatz damit binden, mit Salz abschmecken
Strom:	200–225; Gas: 4–5
Garzeit:	45–60 Minuten.

Fasan auf Weinsauerkraut

1 Zwiebel	abziehen, würfeln, mit
500 g Sauerkraut	
1 kleinen Lorbeerblatt	
einigen Pfefferkörnern	vermengen, mit
Salz	würzen, in den gewässerten Römertopf geben
250 ml (¹/₄ l) Weißwein	hinzugießen
1 küchenfertigen Fasan	
(¹/₂–1 kg)	waschen, abtrocknen, innen und außen mit Salz einreiben, auf das Sauerkraut legen, mit
40 g in Scheiben geschnittenen fetten Speck	belegen, den Römertopf mit dem Deckel verschließen, in den kalten Backofen stellen
200 g blaue Weintrauben	
200 g grüne Weintrauben	waschen, halbieren, entkernen
	den garen Fasan aus dem Topf nehmen, in Portionsstücke schneiden, auf einer vorgewärmten Platte anrichten, warm stellen
	die Weintrauben in den Römertopf geben, mit dem Sauerkraut vermengen, mit
Zucker	abschmecken, den Römertopf mit dem Deckel verschließen, weitere 10 Minuten in den kalten Backofen stellen
	nach Belieben den Fasan auf dem Sauerkraut anrichten, mit
Tomatenachteln	
Petersilie	garnieren
Strom:	200–225
Gas:	4–5
Garzeit:	1 ¹/₄–1 ¹/₂ Stunden.

Kaninchen-Pastete

1 küchenfertiges Kaninchen (etwa 1 ¹/₂ kg)	waschen, abtrocknen, das Filet auslösen, das übrige Fleisch von den Knochen lösen, mit
50 g fettem Speck	
2 abgezogenen, gewürfelten Zwiebeln	
1 abgezogenen Knoblauchzehe	durch den Fleischwolf drehen, mit
3 Eiern	
Thymian	vermengen, mit

Salz	
Pfeffer	abschmecken
	den gewässerten Römertopf mit
4 großen Scheiben	
fettem Speck	auslegen, die Hälfte der Fleischmasse darauf geben, das Filet auf die Fleischmasse legen, die restliche Kaninchenmasse gleichmäßig darauf verteilen, mit
einigen Scheiben	
fettem Speck	belegen, den Römertopf mit dem Deckel verschließen, in den kalten Backofen stellen
Strom:	200 – 225
Gas:	4 – 5
Garzeit:	2 – 2 1/4 Stunden.

Gefüllter Fasan

1 küchenfertigen Fasan	
(1/2 – 1 kg)	waschen, abtrocknen, außen mit
Salz	einreiben
etwa 200 g Bratwurstmasse	mit
1 Ei	verrühren, mit Salz,
Pfeffer	
Paprika edelsüß	abschmecken, den Fasan damit füllen, zunähen, mit
20 g weicher Butter	
oder Margarine	bestreichen, mit
50 g in Scheiben geschnittenen fetten Speck	belegen
1 Zwiebel	abziehen, vierteln, mit dem Fasan, dem Rest der Füllung,
4 Pfefferkörnern	in den gewässerten Römertopf geben, mit dem Deckel verschließen, in den kalten Backofen stellen
	den garen Fasan in Portionsstücke schneiden, auf einer vorgewärmten Platte anrichten, warm stellen
	den Bratensatz durch ein Sieb gießen, entfetten, mit
Wasser	auf 250 ml (1/4 l) auffüllen, zum Kochen bringen
1 – 2 Teel. Speisestärke	mit
1 Eßl. kaltem Wasser	anrühren, den Bratensatz damit binden
1 Eßl. saure Sahne	unterrühren, die Sauce mit Salz, Pfeffer abschmecken
Strom:	200 – 225
Gas:	4 – 5
Garzeit:	1 1/2 – 1 3/4 Stunden.

Speck-Hähnchen

1 Tiefkühl-Hähnchen (etwa 1 kg)	bei Zimmertemperatur auftauen lassen, waschen, abtrocknen, innen und außen mit
Salz, Pfeffer Paprika edelsüß	einreiben, in den gewässerten Römertopf legen, mit
3—4 Scheiben durchwachsenem Speck	belegen, den Römertopf mit dem Deckel verschließen, in den kalten Backofen stellen nach etwa 50 Minuten Bratzeit den Deckel abnehmen, die Speckscheiben an den Rand legen, das Hähnchen garen lassen, in Portionsstücke schneiden, auf einer vorgewärmten Platte anrichten, warm stellen den Bratensatz mit Wasser auf 250 ml ($^1/_4$ l) auffüllen, zum Kochen bringen
1—2 Teel. Speisestärke 1 Eßl. kaltem Wasser	mit anrühren, den Bratensatz damit binden, die Sauce mit Salz, Pfeffer, Paprika abschmecken
Strom:	200—225
Gas:	4—5
Garzeit:	65—80 Minuten.

Gans

1 küchenfertige Gans (etwa 4 kg) Salz	waschen, abtrocknen, innen und außen mit
Pfeffer	einreiben, die Gans mit der Brust nach oben in den gewässerten Römertopf legen, mit dem Deckel verschließen, in den kalten Backofen stellen während des Garens ab und zu das austretende Fett abschöpfen die gare Gans in Portionsstücke schneiden, auf einer vorgewärmten Platte anrichten, warm stellen den Bratensatz entfetten, mit
Wasser	auf 250 ml ($^1/_4$ l) auffüllen
2 Teel. Speisestärke 1 Eßl. kaltem Wasser	mit anrühren, den Bratensatz damit binden, die Sauce mit Salz, Pfeffer abschmecken
Strom:	200—225; Gas: 4—5
Garzeit:	2 $^3/_4$—3 Stunden.

Pute

1 küchenfertige Pute	
(etwa 4 kg)	waschen, abtrocknen, innen mit
Salz	und außen mit Salz,
Pfeffer	einreiben
4 Eßl. Speiseöl	mit
1 Eßl. Paprikapulver	verrühren, die Pute damit bestreichen, in den gewässerten Römertopf legen, mit dem Deckel verschließen, in den kalten Backofen stellen
	die gare Pute in Portionsstücke schneiden, auf einer vorgewärmten Platte anrichten, warm stellen
	den Bratensatz durch ein Sieb gießen, das Fett abschöpfen den Bratensatz mit
Wasser	auf 250 ml ($1/4$ l) auffüllen, zum Kochen bringen
2 Teel. Speisestärke	mit
1 Eßl. kaltem Wasser	anrühren, den Bratensatz damit binden, die Sauce nach Belieben mit Salz, Pfeffer, Paprika abschmecken
Strom:	200–225; **Gas: 4–5**
Garzeit:	2–2 1/2 Stunden.

Putenkeule im Gemüsetopf

2 Putenoberschenkel	waschen, abtrocknen, entbeinen, jede Keule in 2 Portionsstücke schneiden, mit
Salz, Pfeffer	einreiben
250 g Zwiebeln	abziehen, würfeln
500 g Kartoffeln	schälen, waschen, in Würfel schneiden
3 Paprikaschoten	halbieren, entstielen, entkernen, die weißen Scheidewände entfernen, die Schoten waschen, in Würfel schneiden, abwechselnd mit den Zwiebel- und Kartoffelwürfeln in den gewässerten Römertopf schichten, mit Salz, Pfeffer,
Paprika edelsüß	würzen, nach Belieben
1 Peperoni	kleinschneiden, unterrühren, das Putenfleisch auf das Gemüse legen, den Tontopf mit dem Deckel verschließen, in den kalten Backofen stellen
500 g Tomaten	kurze Zeit in kochendes Wasser legen, in kaltem Wasser abschrecken, enthäuten, in Würfel schneiden, mit Salz, Pfeffer bestreuen, eine halbe Stunde vor Beendigung der Garzeit zu dem Fleisch und dem übrigen Gemüse geben, zugedeckt garen lassen
Strom:	200–225; **Gas: 4–5**
Garzeit:	1 1/2 Stunden.

Fischgerichte

Fischrollen auf Porreegemüse

(Foto S. 70/71)

4 Rotbarschfilets (etwa 750 g) Zitronensaft Salz	waschen, abtrocknen, mit beträufeln, etwa 15 Minuten stehenlassen, mit bestreuen je 1 Fischfilet zwischen 2 von
8 Scheiben Schinkenspeck Senf Pfeffer	legen, jeweils die obere Speckscheibe mit bestreichen, mit bestreuen, aufrollen
750 g Porree (vorbereitet, gewogen)	putzen, längs halbieren, waschen, in etwa 2 cm große Stücke schneiden, in den gewässerten Römertopf geben, mit Salz, Pfeffer würzen, die Fischrollen darauf legen
Butter oder Margarine dem Deckel verschließen,	in Flöckchen darauf setzen, den Römertopf mit
	in den kalten Backofen stellen
Strom:	200−225; **Gas:** 4−5
Garzeit:	1−1 1/4 Stunden.

Neapolitanisches Fischfilet

2 Packungen (je 400 g) Tiefkühl-Rotbarschfilet 1−2 Eßl.	bei Zimmertemperatur auftauen lassen, mit
Zitronensaft	beträufeln, etwa 15 Minuten stehenlassen
250 g Tomaten	kurze Zeit in kochendes Wasser legen, in kaltem Wasser abschrecken, enthäuten, in Stücke schneiden
250 g Champignons (aus der Dose) 1 Zwiebel	abtropfen lassen, in Stücke schneiden abziehen, würfeln, mit den Tomaten- und Champignonstücken vermengen, mit
Salz Pfeffer	würzen, in den gewässerten Römertopf geben den Fisch abtrocknen, mit Salz, Pfeffer bestreuen, auf das Gemüse legen
75 g geriebenen Schweizer Emmentaler 1 Eßl. gehackter Petersilie	mit

72

1 Eßl. feingeschnittenem Schnittlauch	
1/2 Teel. getrockneten Dillspitzen	vermengen, auf dem Fisch verteilen, den Römertopf mit dem Deckel verschließen, in den Backofen stellen nach Belieben
1 Teel. Speisestärke	mit
1 Eßl. kaltem Wasser	anrühren, den Bratensatz damit binden
Strom:	200 – 225
Gas:	4 – 5
Garzeit:	45 – 60 Minuten.

Fischsuppe

1 Kohlrabi	schälen, waschen
1 Porreestange	putzen, waschen
1 Zwiebel	abziehen
	Kohlrabi und Zwiebel in Würfel, Porree in feine Streifen schneiden
	die Zutaten abwechselnd in den gewässerten Römertopf schichten, mit
1 l heißer Fleischbrühe aus Brühwürfeln	übergießen
50 g durchwachsenen Speck	in Würfel schneiden, dazugeben, den Römertopf mit dem Deckel verschließen, in den kalten Backofen stellen
250 g Tomaten	kurze Zeit in kochendes Wasser legen, in kaltem Wasser abschrecken, enthäuten, in Würfel schneiden
500 g verschiedene Sorten Fischfilet	waschen, abtrocknen, in etwa 4 x 4 cm große Würfel schneiden, etwa 30 Minuten vor Beendigung der Garzeit mit den Tomatenwürfeln zu dem Gemüse geben, mit
Salz Pfeffer	würzen, die Suppe garen lassen
Strom:	200 – 225
Gas:	4 – 5
Garzeit:	45 – 60 Minuten.

Goldbarschfilet auf dem Gemüsebett
(Seite S. 75)

200 g Lauch, geputzt	in feine Ringe schneiden
300 g Möhren	schälen und in feine Scheiben schneiden
350 g Blumenkohl	putzen, in Röschen teilen, waschen
1 Sellerieknolle (50 g)	putzen, waschen, in feine Streifen schneiden
	die vier Zutaten in den gewässerten Römertopf füllen, mit
Salz, Streuwürze	würzen
4 Goldbarschfilets	
(je 180 g)	mit
2 Eßl. Weißwein	säuern und mit
Salz	würzen
	jedes Filet mit
je 1 Teel. Tomatenmark	bestreichen, auf das Gemüse legen
	nach 1 Std. Garzeit mit
100 ml Kaffeesahne (12 %)	übergießen, nochmal kurz im Backofen erhitzen mit
½ Beet Kresse	garnieren, im Römertopf servieren
	auf den Bratrost (untere Leiste) in den kalten Backofen stellen
Strom:	Etwa 220
Gas:	4−5
Garzeit:	Etwa 60 Minuten.

Fischcurry

2 Packungen (je 400 g) Tiefkühl-Rotbarschfilet	bei Zimmertemperatur auftauen lassen, in etwa 2x 2 cm große Würfel schneiden
2 Teel. Currypulver	mit
1 Teel. Salz	
1 Messerspitze	
Paprika edelsüß	mischen, die Fischwürfel damit bestreuen
1 kleinen Apfel	schälen, vierteln, entkernen, in kleine Würfel schneiden
1 Banane	schälen, längs halbieren, in Scheiben schneiden
250 g gewürfelte Möhren (aus der Dose)	abtropfen lassen, mit
250 g Erbsen (aus der Dose)	(die Erbsen mit der Flüssigkeit) abwechselnd in den gewässerten Römertopf schichten
Butter oder Margarine	in Flöckchen darauf setzen, den Römertopf mit dem Deckel verschließen, in den kalten Backofen stellen
Strom:	200−225;
Gas:	4−5
Garzeit:	45−60 Minuten.

Szegediner Fischgulasch

1 Packung (400 g) Tiefkühl-Rotbarschfilet	bei Zimmertemperatur auftauen lassen, in Würfel schneiden, mit
Salz, Pfeffer Paprika edelsüß	bestreuen
200 g Zwiebeln	abziehen, würfeln, mit Salz,
50 g Schweineschmalz 1 Eßl. Paprika edelsüß 1 gehäuften Eßl. Tomatenmark 10 Pfefferkörnern 1 Lorbeerblatt 500 g Sauerkraut	in den gewässerten Römertopf geben
500 ml (1/2 l) Fleischbrühe aus Brühwürfeln	hinzugießen, den Römertopf mit dem Deckel verschließen, in den kalten Backofen stellen etwa 15 Minuten vor Beendigung der Garzeit das Rotbarschfilet unter das Sauerkraut heben
1 gehäuften Teel. Speisestärke	mit
125 ml (1/8 l) saurer Sahne	anrühren, unter das Fischgulasch rühren, den Römertopf wieder mit dem Deckel verschließen, das Fischgulasch garen lassen
Strom:	200−225; **Gas:** 4−5
Garzeit:	1−1 1/4 Stunden.

Gedünsteter Fisch

1 kg küchenfertigen Fisch (Kabeljau, Rotbarsch)	waschen, abtrocknen, mit
Zitronensaft	beträufeln, mit
Salz	bestreuen, etwa 30 Minuten stehenlassen, abtrocknen, innen und außen mit Salz einreiben den Fisch von allen Seiten mit
Butter	bestreichen, in den gewässerten Römertopf legen, mit
30−40 g durchwachsenen Speckscheiben	belegen, den Römertopf mit dem Deckel verschließen, in den kalten Backofen stellen
Strom:	200−225; **Gas:** 4−5
Garzeit:	45−60 Minuten.

76

Forelle im Speckhemd

4 küchenfertige Forellen (je etwa 175 g)	waschen, abtrocknen, innen und außen mit
Salz	bestreuen, in den gewässerten Römertopf legen
100 g durchwachsenen Speck	in große Stücke schneiden, auf die Forellen legen den Römertopf mit dem Deckel verschließen, in den kalten Backofen stellen
250 ml (1/4 l) Sahne	mit Salz,
Pfeffer	
Cayennepfeffer	
Paprika edelsüß	
Zucker	abschmecken, etwa 15 Minuten vor Beendigung der Garzeit über die Forellen geben, die Form ohne Deckel wieder in den Backofen stellen, die Forellen garen lassen nach Belieben
1 Teel. Speisestärke	mit
1 Eßl. kaltem Wasser	anrühren, die Flüssigkeit damit binden
Strom:	200−225; **Gas:** 4−5
Garzeit:	45−60 Minuten.

Zander

1 küchenfertigen Zander (etwa 1 kg)	waschen, abtrocknen, mit
3 Eßl. Zitronensaft	beträufeln, etwa 30 Minuten stehenlassen, mit
Salz	bestreuen
2 Zwiebeln	abziehen, würfeln
1 keinen Apfel	schälen, vierteln, entkernen, klein schneiden die beiden Zutaten mit
100 g Tomatenmark	
3 Eßl. saurer Sahne	
Pfeffer	und Salz verrühren die Tomatenmasse in den gewässerten Römertopf geben, den Zander darauf legen, mit
4 Scheiben durchwachsenem Speck	belegen, den Römertopf mit dem Deckel verschließen, in den kalten Backofen stellen den garen Zander mit
Zitronenvierteln	garnieren
Strom:	200−225; **Gas:** 4−5
Garzeit:	55−65 Minuten.

Heilbutt Gärtnerin

(Foto S. 79)

4 Scheiben Heilbutt (etwa 800 g)	waschen, abtrocknen, mit
1 Eßl. Zitronensaft	beträufeln, mit
Salz	bestreuen
	die Heilbuttscheiben in den gewässerten Römertopf legen
250 g Erbsen und Karotten (aus der Dose) 250 g Stangenspargel (aus der Dose)	
	beide Zutaten abtropfen lassen, Erbsen und Karotten um den Fisch legen, den Spargel darüber verteilen, mit Salz bestreuen, mit
30 g zerlassener Butter	übergießen, den Römertopf mit dem Deckel verschließen, in den kalten Backofen stellen
	für die Champignonsauce
1 kleine Zwiebel	abziehen, würfeln
200 g Champignonstücke (aus der Dose)	abtropfen lassen, gut 125 ml ($^1/_8$ l) von der Flüssigkeit abmessen
20 g Butter oder Margarine	zerlassen, die Zwiebelwürfel darin hellgelb dünsten lassen, die Champignons dazugeben, durchdünsten, mit
15 g Weizenmehl	bestäuben, die Champignonflüssigkeit hinzugießen, mit einem Schneebesen durchschlagen, die Sauce zum Kochen bringen, etwa 10 Minuten kochen lassen
5 Eßl. Sahne	hinzufügen, mit Salz,
Pfeffer	abschmecken
	den garen Fisch mit dem Gemüse auf einer vorgewärmten Platte anrichten, die Sauce getrennt dazureichen
Strom:	200—225
Gas:	4—5
Garzeit:	25—35 Minuten.

Aufläufe und süße Speisen

Grießauflauf mit Obst

500 g Mirabellen (aus der Dose) oder 500 g Ananasscheiben (aus der Dose)	abtropfen lassen, den Saft auffangen (die Ananas in Stücke schneiden)
500 ml (1/2 l) Milch	mit
Salz	zum Kochen bringen
125 g Grieß	in die von der Kochstelle genommene Milch rühren, zum Quellen stehenlassen
1 Päckchen Pudding-Pulver Vanille-Geschmack	mit
3 Eßl. kalter Milch	anrühren
75 g Butter oder Margarine	schaumig rühren, nach und nach
60 g Zucker 1 Päckchen Vanillin-Zucker 3 Eier 2 Tropfen Backöl Zitrone 1 gestrichener Teel. Backpulver	und den noch warmen Grießbrei mit dem Pudding-Pulver unterrühren, Mirabellen oder Ananasstücke unterheben, alles in den gewässerten Römertopf umfüllen, mit dem Deckel verschließen, in den Backofen stellen zu dem Grießauflauf nach Belieben den Obstsaft reichen
Strom:	200−225
Gas:	4−5
Garzeit:	60−70 Minuten.

Quarkcremeauflauf mit Sauerkirschen

450 g Sauerkirschen (aus dem Glas) Rotwein	abtropfen lassen, den Saft mit auf 500 ml (1/2 l) auffüllen
1 Päckchen Pudding-Pulver Vanille-Geschmack	mit 2/3 von
125 g Zucker	und der Hälfte von
250 ml (1/4 l) kalter Milch 2 Eigelb	anrühren

die übrige Milch zum Kochen bringen
das Pudding-Pulver in die von der Kochstelle genommene
Milch rühren, unter ständigem Rühren einmal aufkochen
lassen, den Topf wieder von der Kochstelle nehmen

2 Tropfen Backöl Zitrone
500 g Speisequark   unterrühren, den Pudding unter ständigem Rühren noch
einmal aufkochen lassen, in eine Schüssel geben

2 Eiweiß   steif schlagen, nach und nach den restlichen Zucker
unterschlagen, unter den Pudding heben die Kirschen in den
gewässerten Römertopf geben, die Puddingmasse darauf
verteilen, glattstreichen
den Römertopf mit dem Deckel verschließen, in den kalten
Backofen stellen

20 g Speisestärke
15 g Zucker   mit 2 Eßl. von dem Kirschsaft-Rotweingemisch anrühren,
die übrige Flüssigkeit zum Kochen bringen, mit der Speisestärke binden
die Sauce heiß zu dem Auflauf reichen

Strom: 200–225
Gas: 4–5
Garzeit: 45–55 Minuten.

Kirschauflauf
(Foto S. 80/81)

5 Eßl. Mehl
Salz
4 Eier
100 g gemahlene
Haselnüsse
etwa 500 ml
(1/2 l) Milch
    die fünf Zutaten zu einem glatten Teig verarbeiten

geriebene Schale
von 1/2 Zitrone
(unbehandelt)   hinzufügen
500 g Kirschen
(aus der Dose)   in ein Sieb geben, abtropfen lassen, unter den Teig heben
den gewässerten Römertopf mit
Butterflöckchen   auslegen, den Teig in den Römertopf füllen, gleichmäßig
verteilen, mit Butterflöckchen belegen

Strom: Etwa 220; **Gas:** 4–5
Garzeit: Etwa 60 Minuten.

Birnenauflauf mit Vanillesauce

750 g Birnen	schälen, vierteln, entkernen, in kleine Stücke schneiden, mit
2 Eßl. Zitronensaft	
75 g Zucker	vermengen, durchziehen lassen
	einen Rührteig bereiten aus:
100 g Butter oder Margarine	
100 g Zucker	
2 Päckchen Vanillin-Zucker	
2 Eiern	
125 g Weizenmehl	
1 gestrichener Teel. Backpulver	
	die Birnen in den gewässerten Römertopf geben, den Teig gleichmäßig darauf verteilen, glattstreichen den Römertopf mit dem Deckel verschließen, in den kalten Backofen stellen eine Vanillesauce nach der Vorschrift auf dem Päckchen bereiten aus:
375 ml ($^3/_8$ l) Milch	
1 Päckchen Saucen-Pulver Vanille-Geschmack	
3 Eßl. kalter Milch	
20 g Zucker	
	die Sauce heiß zu dem Birnenauflauf reichen
Strom:	200–225
Gas:	4–5
Garzeit:	60–70 Minuten.

Pikanter Fischauflauf

1 Packung (400 g) Tiefkühl-Rotbarschfilet	bei Zimmertemperatur auftauen lassen, mit
Zitronensaft	beträufeln, mit
Salz	bestreuen
1 kg gekochte Salzkartoffeln	zerstampfen, in den gewässerten Römertopf geben, das Fischfilet darauf legen
3 Zwiebeln	abziehen, mit
100 g geräuchertem Speck	in Würfel schneiden, den Speck auslassen, die Zwiebeln darin goldgelb dünsten lassen, über dem Fisch verteilen
375 g Tomaten	waschen, in Scheiben schneiden, mit Salz,
Pfeffer	bestreuen, schuppenförmig auf den Fisch legen
75 g geriebenen Käse	darüber streuen, den Römertopf mit dem Deckel verschließen, in den kalten Backofen stellen
Strom:	200−225; **Gas: 4−5**
Garzeit:	40−50 Minuten.

Kartoffel-Soufflé

750 g Kartoffeln	schälen, waschen, in kleine Würfel schneiden, in
kochendes Salzwasser	geben, zum Kochen bringen, in etwa 15 Minuten gar kochen lassen das Wasser abgießen, die Kartoffeln gut abdämpfen lassen, heiß durch die Presse geben
125 ml (1/8 l) Milch 30 g Weizenmehl 3 Eigelb 125 g geriebenen Schweizer Emmentaler	hinzufügen, die Kartoffelmasse mit einem Schneebesen durchschlagen, mit
Salz, Pfeffer geriebener Muskatnuß	abschmecken
3 Eiweiß	steif schlagen, unter den Kartoffelbrei heben den Brei in den gewässerten Römertopf geben, glattstreichen, mit
1 Eßl. Semmelmehl	bestreuen
Butter	in Flöckchen darauf setzen, den Römertopf mit dem Deckel verschließen, in den kalten Backofen stellen
Strom:	200−225; **Gas: 4−5**
Garzeit:	40−50 Minuten.

Kohlrabiauflauf

(Foto S. 87)

Etwa 1 kg Kohlrabi	schälen, waschen, in Streifen schneiden, in
500 ml (1/2 l) kochendes	
Salzwasser	geben, zum Kochen bringen, in 20–30 Minuten gar kochen lassen
	die Kohlrabi abtropfen lassen, das Kochwasser auffangen, 3/8 l davon abmessen
	für die Sauce
1 kleine Zwiebel	abziehen, würfeln
30 g Butter oder Margarine	zerlassen, die Zwiebelwürfel,
30 g Weizenmehl	unter Rühren so lange darin erhitzen, bis die Zwiebel hellgelb ist, das Kochwasser,
125 ml (1/8 l) Milch	hinzugießen, mit einem Schneebesen durchschlagen, die Sauce zum Kochen bringen, etwa 10 Minuten kochen lassen
375 g Gehacktes	
(halb Rind-, halb	
Schweinefleisch)	mit
1 Ei	vermengen, mit
Salz	
Pfeffer	
Paprika edelsüß	
geriebener Muskatnuß	abschmecken, in die Sauce geben, unter Rühren aufkochen lassen
	Kohlrabi und Sauce abwechselnd in den gewässerten Römertopf geben, mit
40 g geriebenem Gouda	bestreuen, mit
Butterflöckchen	belegen, den Römertopf mit dem Deckel verschließen, in den kalten Backofen stellen
Strom:	200–225
Gas:	4–5
Garzeit:	45–55 Minuten.

Kartoffelauflauf, ungarische Art

1 kg Kartoffeln	waschen, in
Salzwasser	zum Kochen bringen, gar kochen lassen, abgießen,
	noch heiß pellen, erkalten lassen
3—4 hartgekochte Eier	pellen
2 Rauchenden (etwa 200 g)	waschen
	die 3 Zutaten in Scheiben schneiden
	Kartoffeln, Eier, Rauchenden abwechselnd in den
	gewässerten Römertopf schichten, jede Schicht mit etwas von
50 g zerlassener Butter oder	
Margarine	begießen, mit
Salz	bestreuen, die oberste Schicht soll aus Kartoffeln bestehen
125 ml (1/8 l) saure Sahne	über die Kartoffeln verteilen
	den Römertopf mit dem Deckel verschließen, in den Backofen
	stellen, 10 Minuten vor Beendigung der Garzeit den Deckel
	abnehmen
Strom:	200—225
Gas:	4—5
Garzeit:	45—55 Minuten.

Kartoffelauflauf

750 g Kartoffeln	schälen, waschen
250 g Fleischwurst	enthäuten
	beide Zutaten in Scheiben schneiden
	Kartoffeln, Fleischwurst, 2/3 von
150 g geriebenem Gouda	
1 Packung (300 g)	
Tiefkühl-Erbsen	in den gewässerten Römertopf schichten, jede Schicht mit
Salz	bestreuen
250 ml (1/4 l) Milch	mit
3 Eiern	verschlagen, mit Salz,
Pfeffer	
geriebener Muskatnuß	würzen, über das Gericht gießen, mit dem restlichen
	Käse bestreuen, den Römertopf mit dem Deckel verschließen,
	in den Backofen stellen
	den garen Auflauf mit
gehackter Petersilie	bestreuen
Strom:	200—225; **Gas:** 4—5
Garzeit:	1 1/4—1 1/2 Stunden.

Kartoffel-Zwiebelauflauf

500 g Kartoffeln	schälen, waschen
500 g Zwiebeln	abziehen
	beide Zutaten in dünne Scheiben schneiden
125 g rohen Schinken	
oder Schinkenspeck	in dünne Streifen schneiden
	die Kartoffelscheiben in den gewässerten Römertopf geben, mit
Salz	bestreuen, Schinkenstreifen und Zwiebelscheiben darauf verteilen
125 ml ($1/8$ l)	
heiße Fleischbrühe	
aus Brühwürfeln	hinzugießen
40 g geriebenen Käse	darüber streuen, mit
Butterflöckchen	belegen, den Römertopf mit dem Deckel verschließen, in den kalten Backofen stellen
Strom:	200−225; **Gas:** 4−5
Garzeit:	60−70 Minuten.

Kohlauflauf

1 kg Wirsing oder Weißkohl	
(vorbereitet gewogen)	waschen, in Streifen schneiden, in
kochendes Salzwasser	geben, zum Kochen bringen, etwa 10 Minuten kochen, abtropfen lassen
2 Zwiebeln	abziehen, würfeln, mit
500 g Gehacktem	
(halb Rind-, halb	
Schweinefleisch)	
1 Ei	
1 Eßl. Semmelmehl	vermengen, mit
Salz, Pfeffer	abschmecken
	die Hälfte des Kohl in den gewässerten Römertopf geben, darauf das Gehackte verteilen, mit dem restlichen Kohl bedecken
30 g zerlassene Butter	
oder Margarine	
Kümmel	darüber geben, den Römertopf mit dem Deckel verschließen, in den Backofen stellen
Strom:	200−225; **Gas:** 4−5
Garzeit:	1 $1/2$ Stunden.

Blumenkohlauflauf mit Schinken
(Foto S. 91)

1 kg Blumenkohl	putzen, waschen, mit dem Strunk nach unten in
kochendes Salzwasser	legen, zum Kochen bringen, etwa 20 Minuten kochen lassen, den Blumenkohl in Röschen teilen
200 g Spaghetti	in Stücke brechen, in
2 l Salzwasser	zum Kochen bringen, etwa 12 Minuten kochen lassen, in ein Sieb geben, mit kaltem Wasser übergießen
125 g rohen Schinken oder Schinkenspeck	in Würfel schneiden Nudeln, Blumenkohlröschen, Schinken- bzw. Schinkenspeck abwechselnd in den gewässerten Römertopf schichten
500 ml (½ l) Milch	mit
4 Eiern	verschlagen, mit
Salz	
Pfeffer	
geriebener Muskatnuß	würzen, über den Auflauf gießen, mit
30 g geriebenem Parmesankäse	bestreuen, den Römertopf mit dem Deckel verschließen, in den kalten Backofen stellen
Strom:	200−225
Gas:	4−5
Garzeit:	60−70 Minuten.

Ramequins

250 ml (¹/₄ l) Milch	mit
2 Eiern	verschlagen, mit
Salz	
Pfeffer	
geriebener Muskatnuß	abschmecken
8 Scheiben Toastbrot	mit
8 Scheiben Gouda oder Schweizer Käse (in der Größe der Brotscheiben)	abwechselnd stufenförmig in den gewässerten Römertopf schichten, die Eiermilch darüber gießen, den Römertopf mit dem Deckel verschließen, in den Backofen stellen
Strom:	200−225
Gas:	4−5
Garzeit:	40−45 Minuten.

Spinatauflauf

1 Packung (400 g)	
Tiefkühl-Rahmspinat	bei Zimmertemperatur auftauen lassen
1 kg Kartoffeln	schälen, waschen, in Hälften schneiden, in
Salzwasser	zum Kochen bringen, gar kochen lassen, abgießen, sofort durch die Presse geben, möglichst fein zerstampfen
knapp 250 ml (¹/₄ l) Milch	
25 g Butter	hinzufügen, den Brei so lange schlagen, bis er weißschaumig ist, mit
Salz	abschmecken die Hälfte des Kartoffelbreies in den gewässerten Römertopf geben, den Spinat darauf verteilen mit 1 Eßl. 4 Vertiefungen in den Spinat drücken
4 Eier	einzeln aufschlagen, in jede Vertiefung 1 Ei geben, den restlichen Kartoffelbrei vorsichtig darüber verteilen, mit
2 Eßl. Semmelmehl	bestreuen, mit
Butterflöckchen	belegen, den Römertopf mit dem Deckel verschließen, in den Backofen stellen
Strom:	200−225; **Gas:** 4−5
Garzeit:	45−55 Minuten.

Käsesoufflé

750 ml (³/₄ l) Milch	mit
25 g Butter	zum Kochen bringen
100 g Grieß	in die von der Kochstelle genommene Milch rühren, unter Rühren etwa 5 Minuten kochen lassen, mit
Salz, Pfeffer	
geriebener Muskatnuß	abschmecken sobald der Grieß fest zu werden beginnt,
200 g geraffelten	
Holländischen Gouda	unterrühren, abkühlen lassen
3 Eigelb	unterrühren
3 Eiweiß	zu steifem Schnee schlagen
150 g gekochten Schinken	in Würfel schneiden beide Zutaten unterheben die Masse in den gewässerten Römertopf umfüllen, mit dem Deckel verschließen, in den kalten Backofen stellen
Strom:	200−225; **Gas:** 4−5
Garzeit:	45−55 Minuten.

Quarkauflauf

50 g weiche Butter oder Margarine	schaumig rühren, nach und nach
125 g Zucker	
1 Päckchen Vanillin-Zucker	
2 Eier, 2 Tropfen Backöl Zitrone, Salz	
500 g Speisequark	unterrühren
1 Päckchen Pudding-Pulver Vanille-Geschmack	mit
125 g Grieß	
3 gestrichene Teel. Backpulver	mischen, nach und nach unterrühren falls der Teig etwas zu fest sein sollte, so viel
Milch	hinzugießen, daß er eine kartoffelbreiähnliche Beschaffenheit erhält
500 g Äpfel	schälen, vierteln, entkernen, in kleine Würfel schneiden
50 g Rosinen	waschen, abtropfen lassen, mit den Äpfeln unter den Teig heben
	den Teig in den gewässerten Römertopf geben, mit dem Deckel verschließen, in den kalten Römertopf stellen
Strom:	200—225; **Gas:** 4—5
Garzeit:	Etwa 1 Stunde.

Milchreis

1 l Milch	mit
20 g Zucker	
1 Päckchen Vanillin-Zucker	
Salz	
Zitronenschale (unbehandelt)	zum Kochen bringen
175 g Milchreis	waschen, abtropfen lassen, in die Milch rühren, den Milchreis in den gewässerten Römertopf umfüllen, mit dem Deckel verschließen, in den kalten Backofen stellen den Reis während des Garens 2—3 mal durchrühren den garen Milchreis mit
Zucker und Zimt gebräunter Butter	reichen
Strom:	200—225; **Gas:** 4—5
Garzeit:	55—65 Minuten.

Paradiesische Äpfel

(Foto S. 95)

4 dicke Äpfel	schälen, das Kerngehäuse mit einem Apfelausstecher entfernen
50 g Marzipanrohmasse	mit
10 g Puderzucker	verkneten, in 4 Stücke teilen, Rollen formen, in jeden Apfel eine Marzipanrolle drücken, die Äpfel mit
50 g flüssiger Butter	bestreichen
2 Eßl. Semmelmehl	mit
1 Eßl. Zucker	
1 Messerspitze gemahlenem Zimt	mischen, die Äpfel darin wenden, die restliche Butter mit
2 Eßl. gehackten Walnußkernen	
1 gestrichenen Eßl. Zucker	verrühren, so viel von dem Semmelmehlgemisch hinzufügen, daß eine feste Masse entsteht, auf die Apfelöffnungen verteilen die Äpfel in den gewässerten Römertopf setzen, mit dem Deckel verschließen, in den kalten Backofen stellen
125 ml (1/8 l) Sahne	1/2 Minute schlagen
1/2 Päckchen Sahnesteif	und nach Geschmack
Zucker	einstreuen, die Sahne steif schlagen nach Belieben
1 Eßl. Weinbrand	unterrühren, die Sahne kurz vor dem Servieren auf die Äpfel geben, mit
kandierten Kirschen	garnieren
Strom:	200–225
Gas:	4–5
Garzeit:	30–40 Minuten.

Palatschinken-Auflauf

	Für den Teig
200 g Weizenmehl	mit
3 Eigelb, Salz	
500 ml (½ l) Milch	verrühren
3 Eiweiß	steif schlagen, unterheben, in
75 g Margarine	8 Eierkuchen backen, erkalten lassen
	für die Füllung
50 g weiche Butter	schaumig rühren, nach und nach
75 g Zucker	
1 Päckchen Vanillin-Zucker	
2 Eigelb	unterrühren
abgeriebene gelbe Zitronenschale (unbehandelt)	
1 Eßl. Zitronensaft	
250 g Speisequark	
50 g gewaschene Rosinen	dazugeben, alles gut verrühren
	die Eierkuchen gleichmäßig mit der Füllung bestreichen, aufrollen, in den gewässerten Römertopf legen
2 Eiweiß	steif schlagen
1 Päckchen Vanillin-Zucker	
125 ml (⅛ l) Schlagsahne	unterheben, die Eiweißsahne über die Palatschinken verteilen
	den Römertopf mit dem Deckel verschließen, in den kalten Backofen stellen
Strom:	200–225; **Gas:** 4–5
Garzeit:	40–50 Minuten.

Rhabarber-Reisauflauf

200 g Milchreis	waschen, abtropfen lassen
1 l Milch	zum Kochen bringen, den Reis mit
Vanillin-Zucker, 25 g Butter	in die Milch geben, zum Kochen bringen, etwa 40 Minuten kochen lassen
	unter den etwas abgekühlten Reis
2 Eigelb	rühren
2 Eiweiß	steif schlagen
50 g Zucker	unterschlagen, unter den Reis heben
1 ½ kg Rhabarber	putzen, waschen, in etwa 2 cm lange Stücke schneiden, in

125 ml (¹/₈ l) Wasser	in etwa 10 Minuten gar dünsten lassen
150—200 g Zucker	unterrühren, den Rhabarber abkühlen und abtropfen lassen, den Saft auffangen, mit Wasser auf 500 ml (¹/₂ l) auffüllen die Hälfte der Reiscreme in den gewässerten Römertopf geben, den Rhabarber darauf verteilen, mit der restlichen Reiscreme bedecken, den Römertopf mit dem Deckel verschließen, in den kalten Backofen stellen den Rhabarbersaft zum Kochen bringen
1 schwach gehäuften EßI. Speisestärke	mit
2 EßI. kaltem Wasser	anrühren, den Saft damit binden, zu dem Auflauf reichen
Strom:	200—225
Gas:	4—5
Garzeit:	30—40 Minuten.

Reisauflauf mit Aprikosen

200 g Milchreis	waschen, abtropfen lassen
1 l Milch	mit
Salz	zum Kochen bringen, den Reis hineingeben, zum Kochen bringen, in etwa 30 Minuten ausquellen lassen (er muß noch körnig sein), erkalten lassen
1 Päckchen Pudding-Pulver Vanille-Geschmack	mit
2 gestrichene Teel. Backpulver	mischen
50 g Butter oder Margarine	schaumig rühren, nach und nach
75 g Zucker	
2 Päckchen Vanillin-Zucker	
40 g abgezogene, gemahlene Mandeln	
3 Eier	
2 Tropfen Backöl Zitrone	und den Reis mit dem Pudding-Pulver unterrühren
500 g Aprikosenhälften (aus der Dose)	abtropfen lassen, halbieren die Hälfte der Reiscreme in den gewässerten Römertopf geben, die Aprikosen darauf verteilen, mit der restlichen Reiscreme bedecken, den Römertopf mit dem Deckel verschließen, in den kalten Backofen stellen.
Strom:	200—225
Gas:	4—5
Garzeit:	60—70 Minuten.

Birnenauflauf

Etwa 500 g Birnen (aus der Dose)	abtropfen lassen, den gewässerten Römertopf damit auslegen
40 g Butter	mit
15 g Zucker	
abgeriebener gelber Zitronenschale	
von 1 Zitrone (unbehandelt)	verrühren, in Flöckchen auf die Birnen setzen
250 ml (¹/₄ l) Sahne	mit
1 Päckchen Vanillin-Zucker	
3 Eigelb	verrühren
3 Eiweiß	steif schlagen, unterheben
8 Zwiebäcke	in die Eigelbcreme tauchen, auf die Birnen legen, die Eigelbcreme darüber geben, den Römertopf mit dem Deckel verschließen, in den kalten Backofen stellen
Strom:	200−225
Gas:	4−5
Garzeit:	45−55 Minuten.

Apfelreis

500 g Äpfel	schälen, vierteln, entkernen, in Scheiben schneiden
200−250 g Brühreis	waschen
	Äpfel, Reis (wenn der Reis kalt gegessen werden soll, die kleinere Reismenge verwenden),
1 l heißes Wasser	
Salz	
50−75 g Zucker	
Butter oder Margarine	
Zitronenschale (unbehandelt)	in den gewässerten Römertopf geben, mit dem Deckel verschließen, in den kalten Backofen stellen den Apfelreis während des Garens 2−3 mal durchrühren den garen Apfelreis mit
Zucker und Zimt	
gebräunter Butter	reichen
Strom:	200−225; **Gas:** 4−5
Garzeit:	50−60 Minuten.

Bratäpfel

4 dicke Äpfel (z.B. Boskop)	waschen, abtrocknen, das Kerngehäuse mit einem Apfelausstecher entfernen
20 g Butter	mit
1 gestrichenen Eßl. Zucker	
etwas Vanillin-Zucker	verrühren
2 Teel. Rum oder Weinbrand	
1 Eßl. gewaschene, abgetropfte Rosinen	
1 gehäuften Eßl. gemahlene Mandeln	unterrühren, die Masse in die Äpfel füllen, in den gewässerten Römertopf setzen, mit
weicher Butter	bestreichen, mit
Zucker und Zimt	bestreuen, den Römertopf mit dem Deckel verschließen, in den kalten Backofen stellen
Strom:	200—225
Gas:	4—5
Garzeit:	45—55 Minuten.

Französische Birnen-Speise

4 reife Birnen	schälen, halbieren, entkernen
3 Scheiben Weißbrot (je etwa 2 cm dick)	mit
30 g Butter	bestreichen
3 gehäufte Teel. Preiselbeeren	darauf verteilen
	die Hälfte von
20 g Butterflöckchen	in den gewässerten Römertopf geben, die Weißbrotscheiben nebeneinander hineinlegen, die Birnenhälften schuppenförmig darauf geben, mit
6 Eßl. Apfelsinensaft	beträufeln
50 g Zucker	mit
1 gestrichenen Teel. gemahlenem Zimt	mischen, die Birnen damit bestreuen, die restlichen Butterflöckchen auf die Birnen setzen, den Römertopf mit dem Deckel verschließen, in den kalten Backofen stellen
Strom:	200—225; **Gas:** 4—5
Garzeit:	60—70 Minuten.

Mikrowellengerichte

Queller Topf
(Foto S. 100/101)

100 g durchwachsenen Speck	in Würfel schneiden
350 g Kartoffeln	schälen, waschen, würfeln
1 Zwiebel	abziehen
50 g Margarine	die vier Zutaten in den Mikrowellen-Römertopf geben, im geschlossenen Topf vorgaren 500 W bei 100% = 6–7 Min.; 650 W bei 100% = 5–6 Min.
1 Schweinefilet (300 g)	in etwa 2 cm dicke Scheiben schneiden, mit
Liebstöckel, Pfeffer	würzen, auf die gegarten Kartoffeln legen
3 Tomaten	kurze Zeit in kochendes Wasser legen (nicht kochen lassen), in kaltem Wasser abschrecken, enthäuten, die Stengelansätze herausschneiden, würfeln
3–4 Gurken (eingelegt)	in Würfel schneiden die beiden Zutaten mit Salz, Oregano, Majoran, Sojasauce würzen
125 ml (1/8 l) Fleischbrühe	über das Fleisch geben und fortgaren 500 W bei 100% = 18–20 Min.; 650 W bei 100% = 14–18 Min.; anschließend mit
1 Eßl. Semmelmehl	
50 g geriebenen Käse	bestreuen, überbacken 500 W bei 100% = 4–5 Min.; 650 W bei 100% = 3–4 Min.

Rosenkohltopf

300 g Delizianer Würstchen	in Scheiben schneiden, mit
50 g Margarine	in den Mikrowellen-Römertopf geben, im geschlossenen Topf vorgaren 500 W bei 100% 4–5 Min.; 650 W 100% = 3–4 Min.
1 Gemüsezwiebel	abziehen, halbieren, in feine Scheiben schneiden
Suppengrün	putzen, waschen, zerkleinern
300 g Kartoffeln	schälen, waschen, in Würfel schneiden
500 g Rosenkohl (TKK)	antauen lassen die vier Zutaten zu den Würstchen geben, mit
750 ml Fleischbrühe	auffüllen, mit
Salz, Pfeffer	
Paprikapulver, Muskatnuß	würzen, im geschlossenen Topf fortgaren 500 W bei 90% = 25–30 Min.; 650 W 90% = 20–25 Min. mit
Liebstöckelzweigen	
Crème fraîche	servieren.

Kräuter-Roastbeef

800 g Roastbeef	von Sehnen und Fett befreien
2 Knoblauchzehen	abziehen, fein hacken
mit	
Salz, Pfeffer	
1 Bund gehackte Petersilie	
1 gehackten Sellerieblatt	
1 Teel. gehackten Basilikum	
1 Teel. gehackten Majoran	
1 Teel. gehackten Thymian	
5 Eßl. Oel	
1 Teel. Senf	vermengen
	das Roastbeef damit bestreichen, danach in den Mikrowellen-Römertopf legen, den Deckel auflegen und angaren
	500 W bei 100% = 10 – 15 Min.
	650 W bei 100% = 8 – 10 Min.
	fortgaren
	500 W bei 80% = 10 – 15 Min.
	650 W bei 60% = Etwa 10 Min.
	das Roastbeef vor dem Aufschneiden 5 Minuten ruhen lassen
mit Tomatenscheiben	garniert servieren.

Kasseler Braten

600 g Kasseler, ohne Knochen	in den Mikrowellen-Römertopf legen, Deckel auflegen, angaren
	500 W bei 100% = Etwa 15 Min.
	600 W bei 100% = Etwa 10 Min.
500 g Möhren	fein schälen, würfeln
1 Zwiebel	abziehen, würfeln
	die beiden Zutaten zum Kasseler-Braten geben
	mit
Salz, Pfeffer	würzen
250 ml (1/8 l)	
Fleischbrühe	hinzugießen
	den Deckel wieder auflegen und fortgaren
	500 W bei 100% = Etwa 20 Min.
	650 W bei 100% = Etwa 15 Min.
Beilage:	Kartoffelbrei

Gutshof Pott
(Foto S. 105)

3 Eßl. Oel	in den Mikrowellen-Römertopf geben
500 g Schweinegulasch	hinzufügen, vorgaren

500 W bei 100% = 12 – 14 Min.
650 W bei 100% = 10 – 12 Min.

2 Zwiebeln	abziehen, fein würfeln
1 Stange Porree (Lauch)	putzen, halbieren, unter fließendem kaltem Wasser abspülen, in feine Ringe schneiden
250 g Wirsing	waschen, in Streifen schneiden
250 g Rettich	putzen, fein schälen, stifteln
2 Paprikaschoten (je 1 grüne und 1 rote)	halbieren, entstielen, entkernen, die weißen Scheidewände entfernen, die Schoten waschen, würfeln
250 g Kartoffeln	schälen, in Würfel schneiden
3 Tomaten	kurze Zeit in kochendes Wasser legen (nicht kochen lassen), in kaltem Wasser abschrecken, enthäuten, die Stengelansätze herausschneiden, würfeln
	die sieben Zutaten zum Fleisch geben, verrühren mit
Paprikapulver	
Zucker	
Salz	
Pfeffer	
Thymian	würzen
500 ml (1/2 l)	
heiße Fleischbrühe	hinzugießen, weitergaren

500 W bei 100% = 15 – 20 Min.
650 W bei 100% = 10 – 15 Min.

Den Eintopf nochmals abschmecken, kurz vor dem Servieren mit

1 Bund Petersilie (zerkleinert)	
Schnittlauch	
50 g Schafskäse (grob zerkleinert)	bestreuen.

Kräuter-Käse-Rouladen

4 dünne Kalbsrouladen (etwa 500 g)	mit
Salz	
Pfeffer	
Paprika, edelsüß	würzen
1 Eßl. Tomatenmark	
1 Teel. Senf	
1 Teel. Orangen-marmelade	mit
1/2 Teel. Majoran	
1/2 Teel. Thymian	vermengen, auf die Rouladen streichen
1 Zwiebel	abziehen, würfeln
50 g durchwachsenen Speck	in Würfel schneiden
100 g Mozarella-Käse	würfeln
	die drei Zutaten auf den Rouladen verteilen, aufrollen, mit Garn binden oder Holzstäbchen feststecken
1 Möhre	fein schälen, würfeln
150 g Porree (Lauch)	putzen, halbieren, unter fleißendem kaltem Wasser abspülen, in feine Ringe schneiden
1 Zwiebel	abziehen, in Scheiben schneiden
die drei Zutaten mit 50 g Margarine	in den Mikrowellen-Römertopf schichten, die Rouladen darauflegen und im geschlossenen Topf garen

500 W bei 100% = 20−23 Min.
650 W bei 100% = 17−20 Min.

125 ml Weißwein	unterrühren und nach Bedarf mit wenig Saucenbinder andicken und weitergaren

500 W bei 100% = 3−5 Min.
650 W bei 100% = 3−4 Min.

Würziges Zucchini - Hackfleisch - Gemüse

250 g Rindergehacktes	mit
2 Eßl. Kräuter-Crème fraîche	
1 kleinen Zwiebel (gewürfelt)	
1 Ei	vermengen, mit
Senf	
Salz	
Pfeffer	
Paprikapulver, edelsüß	würzen, aus der Hackfleischmasse kleine Klöße formen
350 g Zucchini	putzen, unter fließendem kaltem Wasser abspülen, würfeln
300 g Kartoffeln	schälen, waschen, würfeln
4 Tomaten	kurze Zeit in heißes Wasser legen (nicht kochen lassen), in kaltem Wasser abschrecken, enthäuten, den Stengelansatz herausschneiden, würfeln die drei Zutaten mit
2 Eßl. Calvados	
Salz	
Pfeffer	
Oregano	
Basilikum	
Thymian	
etwas geriebener Orangenschale (unbehandelt)	vermengen
3 Eßl. Olivenöl	in den Mikrowellen-Römertopf geben das Gemüse und die Hackfleischbällchen abwechselnd in die Form schichten
2 Eßl. Kräuter-Crème fraîche	mit
3 Eßl. Sherry	vermengen, über das Gemüse geben
1 Eßl. Semmelmehl	
50 g Butterflöckchen	die beiden Zutaten über dem Gemüse verteilen den geschlossenen Topf in das Mikrowellengerät stellen und garen 500 W bei 90% = 20−25 Min. 650 W bei 90% = 15−20 Min.

Sommergemüse

100 g durchwachsenen Speck	würfeln, mit
2 Eßl. Olivenöl	in den Mikrowellen-Römertopf geben und vorgaren

500 W bei 100% = 4−5 Min
650 W bei 100% = 3−4 Min.

250 g Gemüsezwiebeln	abziehen, in Scheiben schneiden
250 g Auberginen	putzen, unter fließendem kaltem Wasser abspülen, trockentupfen, würfeln
250 g Zucchini	putzen, unter fließendem kaltem Wasser abspülen, würfeln
250 g Paprikaschoten (rot, gelb, grün)	halbieren, entstielen, entkernen, die weißen Scheidewände entfernen, die Schoten waschen, in Würfel schneiden
1 Knoblauchzehe	abziehen, pressen
	die fünf Zutaten zu den Speckwürfeln geben, mit
Salz Pfeffer Kräuter der Provence	würzen, fortgaren
125 ml (¹/₈ l) Weißwein	hinzugießen

500 W bei 80−90% = 20−25 Min.
650 W bei 80−90% = 15−20 Min.

250 g Tomaten	kurze Zeit in heißes Wasser legen (nicht kochen lassen) in kaltem Wasser abschrecken, enthäuten, den Stengelansatz herausschneiden, in Würfel schneiden, unterheben, fertiggaren

500 W bei 100% = 5−6 Min.
650 W bei 100% = 4−5 Min.

Kartoffel-Fleischauflauf mit Minze

2 Eßl. Oel	in einer Pfanne erhitzen
250 g Rindergehacktes	
1 Zwiebel	abziehen, fein würfeln
	die beiden Zutaten ins Oel geben, anbraten mit
1 Teel. gekörnter Brühe	
Salz	
Pfeffer	würzen
125 ml (¹/₈ l)	
Schlagsahne	hinzugießen
	etwa 10 Minuten schmoren lassen
750 g Kartoffeln, gepellt	etwa die Hälfte der Kartoffelscheiben in den Mikrowellen-Römertopf schichten, mit
Salz	
Pfeffer	würzen, mit
25 g Emmentaler-Käse (gerieben)	bestreuen
	die Hackfleischmasse darüber verteilen, die restlichen Kartoffelscheiben darüberschichten
	mit
Salz	
Pfeffer	
25 g Emmentaler-Käse (gerieben)	bestreuen
125 ml (¹/₈ l)	
Schlagsahne	mit
1 Ei	
Salz	
Pfeffer	verrühren
	über die Kartoffeln geben
	den Mikrowellen-Römertopf abdecken und garen
	500 W bei 100% = 20−25 Min.
	650 W bei 100% = 18−20 Min.
Beilage:	Feldsalat